⊕ 지구를 살리는 에너지 여행 ⊖

북극곰을 구해 줘!

북극곰을 구해 줘! 지구를 살리는 에너지 여행

초판 1쇄 발행 2008년 10월 30일
초판 12쇄 발행 2024년 6월 11일

지은이　　김바다
그린이　　이화성
펴낸이　　염종선
책임편집　문경미
디자인　　SALT&PEPPER Communications
펴낸곳　　(주)창비
등록　　　1986. 8. 5. 제85호
제조국　　대한민국
주소　　　10881 경기도 파주시 회동길 184
전화　　　031-955-3333
팩스　　　031-955-3399(영업) 031-955-3400(편집)
홈페이지　www.changbikids.com
전자우편　enfant@changbi.com

ⓒ 김바다, 이화성 2008
ISBN 978-89-364-4584-3　73500

* 이 책 내용의 일부 또는 전부를 재사용하려면 반드시 저작권자와 창비 양측의 동의를 받아야 합니다.
* 책값은 뒤표지에 표시되어 있습니다. * KC마크는 이 제품이 공통안전기준에 적합하였음을 의미합니다.
* 사용 연령: 5세 이상 * 종이에 베이거나 긁히지 않도록 주의하세요.

⊕ 지구를 살리는 에너지 여행 ⊖

북극곰을 구해 줘!

김바다 글 이화성 그림

창비

차례

01 떠나자, 에너지 여행! — 12

에너지란 뭘까? — 13
세상을 움직이는 다양한 에너지들 — 13
왜 사람은 에너지를 많이 쓸까? — 14

02 온실가스 감옥을 만들까? 북극곰을 살릴까? — 16

온실가스 감옥에 갇힌 지구 — 17
지구의 날씨가 이상해지고 있어! — 18
지구온난화를 막아라! — 21

03 세계 경제를 일으킨 석탄 — 28

석탄은 어떻게 만들어졌을까? — 29
공장을 돌려라 — 30
한국의 검은 진주가 되다 — 32
석탄은 어디에 쓰일까? — 33
산을 살린 일등 공신 — 35
경제를 일으킨 밑거름 — 36
석탄의 어두운 면 — 37
석탄은 얼마나 남아 있을까? — 38

세계를 움직이는 **석유**와 **천연가스** 44

돌에서 나온 기름 45
우리나라에도 석유가 나왔다고? 46
석유 왕 록펠러 48
비싸고 귀한 서양 기름 51
석유가 우리 집에 오기까지 52
천연가스를 액체로 53
석유와 천연가스는 어디에 쓰일까? 55
석유 전쟁 이야기 56
새로운 에너지자원을 찾아라 59
석유 위기에 우리는? 62

막강한 힘을 내는 **핵에너지** 68

원자가 깨지는 순간 69
핵에너지를 처음 이용한 것은? 70
최초의 원자폭탄, 꼬마와 뚱보 71
인류 역사상 가장 무서웠던 날 73
평화로운 핵 75
원자력발전의 골칫거리 78
원자력, 빛일까 어둠일까? 79

언제나 우리 곁에 있는 **태양에너지** 82

태양은 에너지를 뿜는다 83
태양열로 무엇을 할 수 있을까? 85
태양전지에 빛을 모아라 90
인공위성에서 분수대까지 90
우주에서 전기 만들기 92
태양전지의 장점과 단점은? 92
태양광 자동차, 배, 비행기 93
태양 건축 95

풍력-바람도 에너지 102

바람은 공기의 움직임 103
바람의 힘으로 전기를 만든다 105
풍력발전의 선진국, 덴마크 107
우리나라의 풍력발전 108
바람을 에너지로 만드는 방법들 110

바이오매스 에너지
   -찌꺼기도 다시 보자 114

찌꺼기는 귀한 에너지 115
세계의 바이오매스 에너지 116

소수력
－흐르는 물에서 얻는 에너지 120

고마운 댐 121
흐르는 물에서 얻는 착한 에너지 122

바닷물에서 얻는 **해양에너지** 124

죽음의 바다 시화호 살리기 125
환경을 해치지 않고 해양에너지 이용하는 법 126

쓰고 또 쓰는 **재생에너지** 128

땅속의 에너지, 지열 129
물에서 얻는 또 하나의 에너지,
수소 연료전지 130
인공 태양을 만든다, 핵융합에너지 131

⊕ 북극곰 살리기 134

⊕ 에너지 여행을 마치며 137

⊕ 참고 사이트 139

⊕ 참고 자료 140

떠나자, 에너지 여행!

떠나자, 에너지 여행!

에너지가 무엇인지, 어디에 쓰이는지, 한번 알아볼까?

⊕ 에너지란 뭘까?

에너지라는 말은 원래 그리스어 '에네르기아'에서 나온 말이야. '에네르기아'란 말은 일을 뜻하는 그리스어 '에네르곤'에서 나왔지. 그러니까 에너지란 '일을 하는 능력' '활동하게 하는 힘'을 말한단다. 세상의 모든 생물들이 살아서 움직이게 하는 힘이 바로 에너지야.

태양은 하루도 쉬지 않고 많은 에너지를 지구로 보내고 있어. 지구의 모든 생물들은 바로 이 태양에너지를 받아서 살아가고 있단다. 식물은 햇빛과 물과 공기 중의 이산화탄소를 받아들여 포도당과 같은 영양분을 만들어. 그러면 초식동물은 이 식물을 뜯어 먹고, 육식동물은 이 초식동물을 잡아먹으며 살아갈 에너지를 얻는 거지.

⊕ 세상을 움직이는 다양한 에너지들

그런데 이 세상을 움직이는 에너지에는 태양에너지만 있는 게 아니야.

우선 전기, 열, 빛에서 나오는 전기에너지, 열에너지, 빛에너지가 있지. 그리고 화학에너지, 운동에너지, 위치에너지, 소리에너지, 복사에너지, 기계에너지, 핵에너지 등 아주 다양한 에너지가 있단다.

우리가 먹은 음식물이 몸속에서 분해될 때 에너지가 만들어져(화학에너지), 우리 몸을 움직이게 해 주지(운동에너지). 지붕에서 떨어지는 눈에도 에너지(위치에너지)가 있어. 또 에너지들은 기계를 움직이고(기계에너지), 태양으로부터 받은 뜨거운 열을 다시 뿜어내고(복사에너지), 소리

| 운동에너지 | 위치에너지 | 복사에너지 | 핵에너지 |

를 낸단다(소리에너지). 아주 아주 작은 핵이 갈라지면서 어마어마한 열과 빛을 내는 에너지(핵에너지)도 빼놓을 수 없지.

⊕ 왜 사람은 에너지를 많이 쓸까?

우리 인간들은 엄청나게 많은 에너지를 쓰고 있단다. 도구를 만들어 쓸 줄 알았기 때문에 다른 생물보다 더 많은 에너지를 얻을 수 있었거든. 처음에 맨손으로 농사를 지을 때는 자기 몸에 있는 에너지만 썼지만, 도구를 이용해서 사냥을 하고 물고기를 잡고 농사를 지으면서 점점 더 많은 에너지를 얻고 쓰게 되었어. 또 갖가지 기계를 만들어 쓰면서부터는 더 많은 에너지를 이용해 커다란 물건을 쉽게 옮기고, 곡식을 더 많이 거두게 되었지.

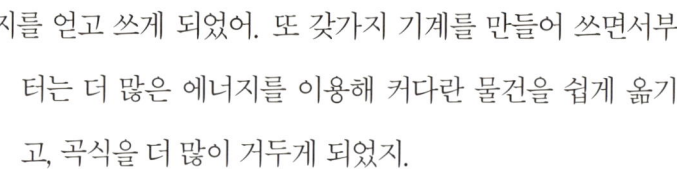

지금은 텔레비전으로 지구는 물론 우주에서 일어나는 갖가지 사건을 보고, 컴퓨터로 온갖 자료들을 주고받고 있잖아. 땅 밑을 달리는 지하철도, 거리에 가득한 자동차

도구의 힘!
왼쪽부터
맨손으로 일한다. → 도구를 이용한다. → 가축을 이용한다. → 기계를 쓴다.

도, 하늘을 나는 비행기도 모두 도구를 쓸 줄 알았기 때문에 만들 수 있었던 거야.

　그래서 우리 인간은 다른 생물들은 상상도 하지 못할 만큼 많은 에너지를 쓰고 있단다.

온실가스 감옥을 만들까?
북극곰을 살릴까?

온실가스를 줄여야 지구도 살고, 북극곰도 살릴 수 있어!

⊕ 온실가스 감옥에 갇힌 지구

　식물원에 가 본 적 있지? 식물원은 다른 집들과는 달리 유리로 지어져 있잖아. 왜 유리로 지었을까? 빛을 듬뿍 받으려고? 맞아. 그런데 그것 말고도 이유가 하나 더 있단다. 유리는 식물원 안으로 들어온 태양열이 바깥으로 나가지 못하게 막아 주거든. 햇볕이 온실 안의 공기를 따뜻하게 데워 주고, 이렇게 데워진 공기를 유리가 잡아 두어서 추운 겨울에도 식물들이 잘 살 수 있는 거야.

　지구도 온실과 비슷하단다. 지구의 땅 위에는 공기가 지구를 둘러싸고 있는 대기층이 있어. 이 대기층에 있는 어떤 가스들이 식물원의 유리와 같은 일을 하지. 그래서 이 가스들을 '온실가스'라고 불러. 이산화탄소, 메탄, 아산화질소, 프레온가스가 바로 대표적인 온실가스들이야. 이 온실가스가 지구를 감싸고 있어서 지구로 들어온 태양에너지가 우주로 모두 나가 버리지 않는 거야. 덕분에 지구는 지금처럼 생명체들이 살기에 적당한 온도를 유지할 수 있는 거란다.

만약에 온실가스가 없다면 지구 온도는 지금보다 훨씬 낮아진대. 지구의 평균기온이 -19도로 떨어진다고 하지. 지구는 추워서 우리들이 살기 힘든 곳이 되고 말 거야. 온실가스가 지구의 평균기온을 15도로 유지하고 있는 것을 '온실효과'라고 해.

그런데 문제가 생겼어. 대기 중에 온실가스가 너무 많아진 거야. 온실가스 층이 너무 두터워지자 우주로 빠져나가야 할 에너지까지 온실가스에 붙잡혀 버렸지. 온실가스 감옥에 갇혀 못 나가는 것처럼 말이야. 에너지가 필요한 것보다 많이 남게 되니까 지구의 기온은 점점 높아지고 있단다. 이렇게 지구가 점점 뜨거워지는 것을 '지구온난화'라고 해. 요즘 지구 곳곳의 날씨가 이상해지는 것은 바로 지구온난화 때문이야.

⊕ 지구의 날씨가 이상해지고 있어!

18세기 중엽부터 사람들은 기계를 쓰기 시작했어. 덕분에 사람의 힘을

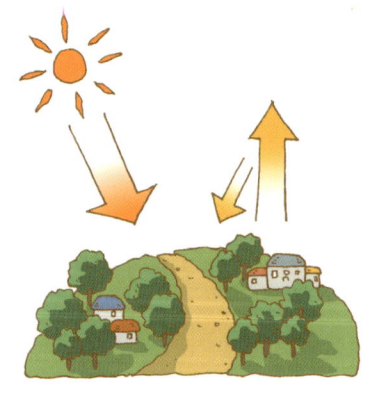

온실가스가 적당한 경우

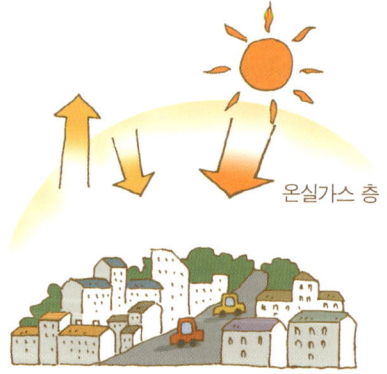

지구온난화로 기온이 상승한 경우

덜 들이고도 전보다 훨씬 많은 물건들을 만들어 낼 수 있게 되었지. 이것을 '산업혁명'이라고 해. 그런데 산업혁명 후로 공기 중에 온실가스가 많아졌단다. 온실가스가 공기 중에서 분해되어 열을 흡수하지 않게 될 때까지는 20~200년이 걸려. 그런데 산업혁명이 시작되어 에너지를 엄청나게 많이 쓰면서부터 이미 생긴 온실가스가 다 분해되기도 전에 새로운 온실가스가 점점 더 많이 뿜어져 나왔거든. 그래서 이산화탄소는 30%, 메탄은 2배, 아산화질소는 15%나 늘어났지. 그 결과 지표면의 평균온도는 지난 100년 새에 0.6도나 상승했어. 최근 지구의 온도는 지난 1만 년을 통틀어 가장 빠르게 상승하고 있단다.

지구의 온도가 올라가면서 바닷물의 높이도 10~25센티미터 정도 높아졌어. 남극과 북극의 빙하가 녹아내렸기 때문이야. 북극 빙하는 1년에 1~2미터씩 줄어들고 있어. 남극에서도 빙벽이 힘없이 무너져 내리는 장면이 자주 눈에 띄고 있고.

부서지는 빙하

녹고 있는 빙하

바닷물이 높아지자 잠기는 섬들이 늘어나고 있어. 2002년에는 투발루라는 작은 섬나라 사람들 중 일부가 자기네 나라에서 살 수 없어서 이웃

물이 부족해서 고통받는 아프리카 사람들

큰비로 물에 잠긴 도시

의 뉴질랜드로 옮겨 갔단다. 그런데 그중 많은 사람들이 뉴질랜드의 허가를 받지 못한 채 뉴질랜드로 들어간 거야. 이 사람들은 좋은 일자리를 구할 수가 없어서 어렵게 살고 있대.

또 카리브 해안의 수많은 작은 섬나라들과 인도, 파키스탄, 방글라데시와 같은 나라의 바닷가 낮은 곳에 사는 사람들도 어려움을 겪고 있어. 삼면이 바다로 둘러싸여 있고 작은 섬들이 많은 우리나라도 여러 지역이 물에 잠길 위험이 크대.

지구온난화는 우리에게 많은 고통을 줄 수 있어. 지구온난화는 해수면을 높이고 지구 곳곳의 강수량에 변화를 가져온단다. 강수량의 극심한 변화는 기후변화로 연결되지. 많은 곳이 사막으로 변하거나 물이 부족해지고, 때아닌 큰비와 매서운 추위, 폭설로 많은 사람들과 생물들이 고통받겠지. 아주 더운 곳에서만 걸리던 병이 다른 지역으로 옮겨 가기도 할 테고. 또 많은 생물들이 더워진 지구에 살지 못해 사라질 거야. 이렇게 되면

생태계는 물론 우리의 삶도 피해를 입을 테지. 지구온난화로부터 자유로운 곳은 아무 데도 없단다.

⊕ 지구온난화를 막아라!

지금 세계 모든 사람들에게 닥친 지구온난화의 책임은 우선 선진국들에게 있어. 선진국들은 산업화를 일찍 시작해서 석유나 석탄 같은 화석연료를 더 먼저, 더 많이 써 왔기 때문이야. 화석연료를 태우면 온실가스가 많이 나오거든. 앞으로 펼쳐질 에너지 여행에서 좀 더 자세히 알게 될 거야. 아무튼 선진국들은 그동안 화석연료를 펑펑 써 온 덕분에 지금은 잘 살게 되었지.

전 세계에서 뿜어내는 이산화탄소의 3분의 2가 선진국들이 뿜어낸 거야. 특히 미국이 뿜어내는 이산화탄소의 양이 전체의 4분의 1이나 된대. 우리나라를 비롯한 개발도상국들도 선진국 못지않게 이산화탄소를 많이 뿜어내고 있어. 특히 중국과 인도는 경제를 발전시켜 선진국을 따라잡으려고 화석연료를 엄청나게 쓰고 있지.

1993년의 킬리만자로 산꼭대기

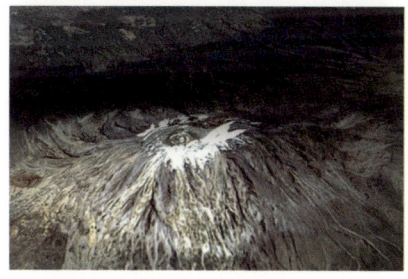
2000년의 킬리만자로 산꼭대기
녹지 않고 쌓여 있던 눈이 겨우 7년 사이에 이렇게나 많이 줄었다.

지구온난화를 걱정하는 목소리도 점점 커지고 있어. 1992년 6월 브라질에서 리우데자네이루 환경 회의가 열렸지. 이 회의에서 세계의 많은 나라들이 처음으로 온실가스를 줄이고 기후변화를 막자고 약속하고, 이 약속을 담은 '기후변화협약'을 발표했단다. 1997년에는 좀 더 확실하게 온실가스를 줄이자는 계획을 담은 '교토의정서'를 발표했지.

교토의정서에서는 미국, 일본, 유럽 선진국들, 몇몇 개발도상국들을 포함해서 38개 나라가 의무적으로 온실가스를 줄여야 한다고 밝혔단다. 교토의정서에 따라 2005년 2월 16일부터 세계 여러 나라들은 온실가스를 줄이기 위해 노력하고 있어. 그렇지만 미국은 교토의정서에 동의하지 않았어.

그러나 문제는 지구온난화를 막을 시간이 별로 없다는 거야. 2007년 유엔기후변화협약 회의에서 반기문 유엔 사무총장은 지구온난화를 막기 위해 지금 나서지 않으면 재앙이 올 것이라고 경고했어.

한반도는 최근 100년간 평균기온이 1.5도 높아졌다고 해. 세계의 평균기온은 0.6도 올랐는데 말이야. 특히 1987년 이후 온난화가 뚜렷해졌는데, 여름보다는 봄과 겨울에 온도가 크게 올랐단다. 그러다 보니 봄에 피어야 할 꽃들이 겨울에 피어서 사람들을 깜짝 놀라게 했지. 기온만이 아니야. 해수면도 23센티미터나 높아졌어.

우리나라의 인구는 세계 24위, 에너지 소비량은 세계 10위, 이산화탄소 배출량은 세계 9위라고 해. 우리나라는 철강, 화학, 조선, 시멘트, 석유화

학과 같이 화석연료를 많이 쓰는 중화학공업이 경제의 큰 역할을 담당하고 있어서 온실가스를 줄이는 게 더욱 힘들지.

어떻게 하는 게 옳은 걸까? 우리나라 산업을 살리면서도 온실가스를 줄여 나가는 지혜로운 방법은 정말 없는 걸까?

지구온난화로 가장 또렷한 변화가 일어난 곳 중 하나는 아마 북극일 거야. 북극곰이 사는 북극 빙하는 점점 빠른 속도로 녹아내리고 있어. 앞으로 5~10년 후에 북극 빙하가 모두 사라질 거라고 예측한 과학자도 있단다. 북극의 얼음이 녹으면 북극의 왕이라 불리는 야생 북극곰도 다른 북극 생물들과 함께 멸종하고 말거야.

우리 인류와 지구온난화로 위기에 처한 북극곰 같은 생물들을 구하기 위해 다 같이 에너지 여행을 떠나자. 우리가 매일매일 사용하는 에너지는 지구 환경에 엄청난 영향을 끼치기 때문에 에너지에 대해 꼼꼼히 알아

위기에 처한 북극곰

보는 여행은 지구를 살리는 소중한 첫걸음이 될 거야.

함께 에너지 여행을 하면서 온실가스를 줄여 나갈 지혜로운 방법을 찾아 보자!

세계 경제를 일으킨 석탄

세계 경제를 일으킨 석탄

나무를 살리고 경제를 일으킨 석탄.
하지만 석탄은 환경을 오염시켰어.

⊕ 석탄은 어떻게 만들어졌을까?

3억 6천만~2억 6천만 년 전쯤 지구의 기후는 따뜻해졌어. 따뜻해지고 물이 많아지니까 나무와 풀 들이 무성하게 자라 밀림을 이루었지.

폭우가 쏟아지고 바람이 세게 불면 밀림의 나무나 풀 들은 부러지고 쓰러지고 뽑혀서 거센 물살에 휩쓸려 떠내려갔어. 죽은 식물은 마른 땅 위에서는 곧 썩어 없어지지만, 물속에서는 산소가 많지 않기 때문에 썩지 않고 거의 그대로 남아 있게 되지. 식물들이 이렇게 수백 년, 수천 년 바닥에 쌓이고 쌓여 거대한 층을 이루었단다.

그다음 몇 천 년 동안 이 식물 퇴적층은 힘과 열을 받으며 계속 변했어. 위에 쌓인 모래나 진흙은 퇴적층을 꽉꽉 눌렀지. 뜨거운 마그마는 땅을 통해 열을 전달하고, 식물에 붙어 있던 박테리아는 식물을 분해하면서 열을 내어 퇴적층을 달구었어. 이렇게 열과 압력을 받은 퇴적층에는 수소와 산소 같은 다른 가스들은 증발해서 없어지고 탄소만 남게 돼. 이것이 땅이 누르는 힘으로 자꾸만 다져져서 예를 들면, 처음에 두께가 50미터이던

▌▎ 석탄 생성 과정 ▎▌

지각변동
쓸려 내려온 식물이 물 밑에 가라앉아 있다가 지각변동으로 땅속에 묻힌다.

퇴적작용
그 위에서 다시 다른 퇴적층이 쌓이면서 오랫동안 열과 압력을 받는다.

탄화작용
수소와 산소는 날아가 버리고 탄소만 남아서 석탄이 된다.

것이 나중에는 5미터로 줄어든대. 그래서 작고 단단한 검은 돌이 된단다. 이 돌이 바로 석탄이야.

⊕ 공장을 돌려라

인류가 석탄을 처음 쓰기 시작한 것은 3천 년 전쯤부터라고 알려져 있어. 이탈리아 북쪽에 있는 소그랴 지방과 그리스에 있는 에리스에서 캐낸 석탄을 대장간에서 연료로 사용했다고 해.

중국에서는 삼국지에 나오는 조조, 유비, 손권이 중국 대륙을 차지하기 위해 전쟁을 벌이던 4세기 삼국시대에 '석탄(石炭)'이라는 한자가 처음으로 등장했어. 12세기 송나라 때는 석탄을 집에서 땔감으로 사용하고, 석

오랜 옛날, 어느 날 산에 큰불이 났다.

시커먼 돌에 불이 붙어 뜨겁게 활활 타올랐다.

돌에 불이 붙다니!! 석탄을 발견한 순간이다.

탄에 세금까지 매겼대. 영국에서는 5세기 무렵부터 석탄을 연료로 사용했다고 해.

12~13세기 무렵부터는 철을 뽑아내고 벼리고, 술을 빚고, 색깔을 들이고, 도자기, 유리, 벽돌을 만드느라 연료가 많이 필요했단다. 특히 용광로에서 철을 뽑아내려면 1535도가 넘는 아주 뜨거운 열이 필요했기 때문에 나무가 많이 쓰였어. 울창한 유럽의 산들은 점점 벌거숭이 민둥산이 되어 갔단다. 나무가 줄어들자 사람들은 석탄을 캐기 시작했어. 석탄을 태우면 철을 더욱 쉽게 더 많이 만들 수 있었지.

1769년에는 영국 사람 제임스 와트가 수증기의 힘으로 움직이는 증기기관을 더 쓰기 편하고 더 큰 힘을 낼 수 있게 만들었단다.

초기 증기기관

여러 가지 기술과 기계 들이 새로이 생겨나자 석탄은 더 많이 쓰이게 되었지. 석탄을 쓰면 물의 힘, 바람의 힘, 가축의 힘, 사람의 힘으로 얻던 것보다 훨씬 큰 힘을 낼 수가 있었거든.

증기기관을 단 기차(1875년 오스트리아 빈)

마침내 영국을 시작으로 산업혁명이 일어나 석탄은 더욱 중요해졌어. 산업혁명이 일어나자 그 전에 사람들이 만들어 내던 것과는 비교할 수 없을 만큼 많은 양의 물건들이 공장에서 만들어졌어. 이 공장을 돌린 것이 바로 석탄이야. 석탄은 도시의 연료로도 쓰였단다.

⊕ 한국의 검은 진주가 되다

우리나라는 언제부터 석탄을 사용했을까? 609년에 신라 '모지악에서 동토함 산지가 불탔다'는 기록이 있어. 모지악이 지금의 어디인지는 분명치 않지만 동토함 산지는 지금의 경상북도 포항 시의 갈탄 지역일 거라고 해.

조선 말 왕실에서는 돈을 받고 외국 회사들에게 석탄을 캘 수 있는 권리를 내줬어. 러시아인, 프랑스인, 일본인 들이 앞다투어 왕실에 돈을 내고 석탄을 캘 권리를 얻어 갔지.

일제강점기에는 일본이 배와 자동차의 연료로 쓰기 위해 우리나라의 석탄을 마구잡이로 캐어서 전쟁터로 실어 갔어. 1930년대 일본 해군은 세계 최강을 자랑하던 미국, 영국 해군처럼 강했단다. 그러나 군함 연료로 쓰던 유연탄은 연기가 많이 나서 군함의 위치를 쉽게 들키는 게 문제였지. 그래서 우리나라에서 나는 연기가 안 나는 무연탄을 군함 연료로 사용하게 된 거야.

광복 후엔 한동안 석탄을 캐내지 않았어. 그러다가 산과 나무를 보호하기 위해 집에서 쓰는 연료를 연탄으로 바꾸었지. 그래서 1950년대 중반부터 무연탄을 캐내기 시작했어. 1960년대부터는 공장이 많아져 석탄은 더욱 많이 쓰였단다. 여기에 석웃값이 갑자기 많이 오른

가정에서 쓰던 연료 연탄. 연탄은 석탄으로 만든다.

석유파동이 일어나 석탄을 더 많이 쓰게 되었어. 그때는 석탄이 검은 진주라 불릴 정도로 소중한 에너지자원이었지.

⊕ 석탄은 어디에 쓰일까?

석탄은 공장과 가정에서 연료로 쓰이고 발전소 같은 데서 에너지를 얻는 연료로도 쓰인단다.

전기를 만드는 연료

석탄, 석유, 천연가스와 같은 화석연료를 태워서 전기를 만들 수 있어. 화석연료를 태워 얻은 열에너지로 보일러의 물을 끓이고, 거기서 나오는 수증기로 기계를 돌려 전기를 만드는 거야. 이걸 화력발전이라고 해.

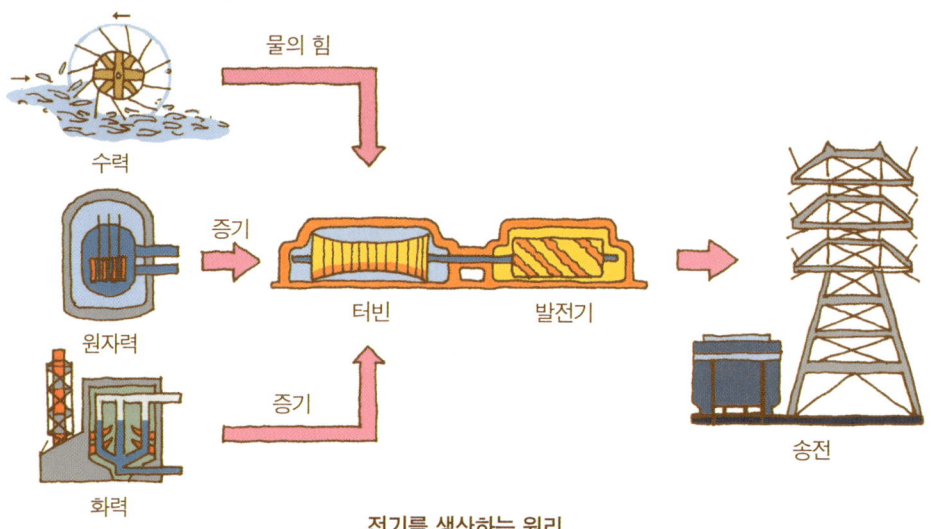
전기를 생산하는 원리

집의 열에너지원

석탄은 집을 따뜻하게 하고, 요리를 하는 데도 쓰인단다. 집에서 쓰는 석탄은 무연탄이야. 대개 연탄이나 조개탄으로 만들어 연료로 썼어. 그리고 연탄을 태우려면 화덕이나 난로가 필요해. 지금은 거의 사라졌지만 1970, 1980년대엔 우리나라 모든 집 부엌에 연탄 화덕이 있었단다.

요즘은 석윳값이 하늘 높은 줄 모르고 치솟기 때문에 석유보다 싼 연탄을 쓰는 집들이 다시 늘고 있단다. 또 비닐하우스에서 채소와 화초를 키우는 농가들이 기름보일러 대신 연탄보일러를 쓰는 경우가 많다고 해. 연탄 값이 싼 편이니까 난방비를 줄여 보려는 것이지. 비닐하우스에서는 여름철에도 연탄을 쓰는 일이 많아서 올 여름에는 작년 여름에 비해 2배 넘게 연탄을 찍어 냈다는구나.

그 밖의 여러 가지 쓰임새

이 밖에도 철을 뽑아내는 데 쓰거나 정수장과 쓰레기장에서 더러운 것을 걸러 내는 데 쓰고 있어. 더러운 걸 걸러 내도록 만든 석탄을 활성탄이라고 해. 또 의약품, 플라스틱, 페인트, 화약, 합성세제를 만드는 데도 석탄이 쓰인단다.

석탄의 쓰임새

⊕ 산을 살린 일등 공신

"도로에 가득 찬 자동차, 쌩쌩 달리는 고속철, 하늘 높이 올라가는 건물, 시장, 할인점, 백화점에 잔뜩 쌓인 물건들을 보고는 놀라지 아니했는데, 산마다 나무가 빽빽한 걸 보고는 정말 놀랐다 말입네다."

북한에서 우리나라로 온 새터민들이 처음 와서 하는 말이야. 북한에서는 마을 가까운 산에 나무가 거의 없대. 나무를 베어 불을 때고, 산에다 뙈기밭을 일구어서 농사를 짓기 때문이지.

나무를 베어 민둥산이 되어 가는 곳

우리나라도 1960, 1970년대에는 산들이 온통 헐벗은 민둥산이었단다. 일제 강점기 때 일본 사람들이 산에서 나무들을 마구 베어 간데다 6·25 전쟁 때 폭격으로 수많은 나무들이 불탔고, 또 계속해서 사람들이 나무를 땔감으로 사용하니까 산에 나무가 남아나지를 않았거든. 그때는 겨울이면 어른 아이 할 것 없이 전부 산에 나무하러 다녔단다. 그러다가 석탄으로 연탄을 만들어 가정의 땔감으로 쓰게 하고, 산에 나무를 열심히 심어서 지금의 울창한 산이 된 거야.

⊕ 경제를 일으킨 밑거름

북한에서는 유연탄과 무연탄 모두 생산되고 있어. 하지만 남한에서는 열량이 약한 무연탄만 생산되고 있지. 그 대부분은 가정에서 사용한단다. 공장에서 사용하는 유연탄은 모두 외국에서 사 오는 거야.

석탄은 우리나라에서 나는 에너지자원이야. 에너지를 사 오기 위해 외국에 내는 돈을 절약해 준 자원이지. 또 석탄을 캐는 광산과 연탄을 찍어 내는 연탄 공장이 많이 세워져서 실업자들에게 일자리를 주었어. 석탄을 만들기 위해 전기를 만들어 내고, 철도, 도로를 냈지. 그만큼 나라도 골고루 발전했단다. 이게 다 석탄 덕분이라고 할 수 있어.

석탄 덕분에 생겨난 공장과 일자리, 나라가 발전한 것을 다 합치면 석탄은 5백억 달러의 외화를 절약해 준 거나 마찬가지래. 이것 말고 석탄이 나라를 발전하게 만들어 준 것은 또 있어. 1973년과 1978년 두 번의 석유

파동으로 석윳값이 갑자기 많이 올라 힘들었을 때도 석탄이 석유를 대신하는 에너지로 아주 중요하게 쓰였단다.

⊕ 석탄의 어두운 면

그렇지만 석탄에는 어두운 모습도 있어. 석탄을 캐내는 일은 아주 힘든 일이야. 매 순간 목숨을 걸어야 할 정도로. 석탄은 땅속 깊이 굴을 파고 들어가야 캐낼 수 있는데, 입구가 무너져서 광부들이 탄 더미에 깔리는 사고가 자주 일어났거든. 또 석탄이 내뿜는 가스가 폭발해 목숨을 잃고 다치는 일도 무척 많았어.

석탄을 캐내는 광부

그뿐이 아니야. 몸을 돌보지 않고 석탄을 캐낸 까닭에 폐 안에 석탄 가루가 남아 무서운 병에 걸리는 사람도 많았단다. 지금도 광부 중에는 진폐증 같은 무서운 병에 걸려 고생하는 사람이 많아. 진폐증이란 공기 속에 있는 유해한 입자를 오랜 시간 들이마셨을 때 폐 속에 그 입자들이 많이 들러붙어서 생기는 병이야. 폐에 염증 등 이상이 생기고 심하면 죽을 수도 있는 무서운 병이란다.

석탄은 환경오염의 주범으로도 알려져 있어. 석탄을 태우면 이산화탄소가 많이 나오거든. 이산화탄소는 공기를 더럽히고, 지구온난화를 일으키는 온실가스 가운데 하나인 거 기억하지?

석탄은 산업혁명과 경제 발전을 이끌어 왔어. 석탄이 없었다면 지금 우리가 누리고 있는 모든 편리함은 꿈도 꾸지 못했을 거야. 처음에 사람들은 석탄이 환경을 오염시킨다는 사실을 몰랐어. 환경오염이나 온실가스 같은 것은 생각도 못했지. 나중에 그걸 안 뒤에도 오직 산업을 발전시킬 욕심으로 석탄 사용을 줄이지 않았단다.

⊕ 석탄은 얼마나 남아 있을까?

최근에는 석탄을 사용하는 일이 눈에 띄게 줄었어. 주요 에너지원 자리를 석유에 내주었거든. 하지만 여전히 석탄은 쓸모가 많단다. 지금도 우리나라를 비롯한 전 세계에서 끊임없이 석탄을 캐내고 있어.

땅속에 묻혀 있는 석탄은 앞으로 2백 년 정도 파내면 다 없어진대. 그래도 석유와 천연가스, 우라늄에 비하면 많이 남아 있는 셈이지. 아마 다른 자원이 없어지면 석탄을 더 많이 캐내겠지. 그러다 보면 2백 년도 못 되어 바닥날 거야.

지금은 많은 학자들이 석탄을 사용할 때 온실가스를 적게 내면서도 열은 더 많이 낼 수 있는 방법을 계속 찾고 있어. 석탄을 저장하고 옮기는 건 까다로운 일인데 이걸 더 쉽게 만들기 위한 방법도 찾고 있지.

우리는 석탄을 어떻게 바라보아야 할까? 우리가 편안하게 생활할 수 있는 에너지를 주었으니 고마워해야 할까, 아니면 많은 광부 아저씨들을 죽음으로 내몰고 환경을 오염시킨 주범이라고 미워해야 할까? 여기에 답을 내리는 일은 이 에너지 여행이 끝날 때까지 미루도록 하자.

하지만 에너지 여행을 계속하기 전에 잊지 말아야 할 것이 있어. 사람들이 예전처럼 석탄에 의존해 석탄 연료를 계속 사용한다면 공기 중에 이산화탄소가 점점 많아지고, 지구온난화가 심해진다는 것 말이야. 이대로 가다가는 지구가 점점 더워져서 북극의 얼음이 다 녹을 수 있다는 사실만큼은 꼭 기억하도록 하자.

세계를 움직이는 **석유**와 **천연가스**

가끔 유조선이 뒤집히는 사고가 나는데 그럴 때마다 바다는 심하게 오염되지.
2007년 겨울, 태안 앞바다에서 기름이 유조선 밖으로 흘러나와 바다를 뒤덮은 사고 기억하지?
시커먼 기름이 가득 차서 물고기가 많이 죽고, 사람들도 엄청난 피해를 입었어.

자, 이제 유조선으로 내려가 보자.

금강산도 식후경이라고 밥부터 먹고 구경해요!

와~ 정말 크다.

그래!

도대체 식당은 언제 나와요?

저~긴데 아마 한 시간은 더 걸릴 거야.

털썩 털썩

세계를 움직이는 석유와 천연가스

우리 생활의 혈액과 같은 석유와 천연가스, 자세히 알아보자!

⊕ 돌에서 나온 기름

아주 먼 옛날부터 사람들은 석유를 써 왔단다. 그래서 석유에는 '영원의 불' '불타는 샘'이라는 멋진 이름도 붙었지. 석유(石油)는 돌[石]과 기름[油]이 합쳐진 말이야. 영어로 석유를 뜻하는 '페트롤리엄'도 마찬가지지. 라틴어로 돌을 뜻하는 '페트라'와 기름을 뜻하는 '올레움'에서 나온 말이거든. 그러니까 석유는 돌에서 나온 기름이라는 걸 알 수 있지. 자, 지금부터 좀 더 자세히 말해 줄 테니까 잘 들어 봐.

4억 5천만 년 전부터 2천만 년 전 사이에 지구의 바다에는 플랑크톤, 해조류 같은 바다 생물이 무지 많이 살았어. 이 바다 생물들이 죽어서 바닥에 쌓이면, 그 위로 모래와 진흙이 덮였지. 그 위에 또 바다 생물들이 죽어서 쌓이고, 그렇게 쌓인 바다 생물 위를 모래와 진흙이 또 덮고……. 이런 일이 아주 오랜 시간 동안 되풀이되었어.

이렇게 죽어서 쌓인 바다 생물들은 서서히 분해되어 탄소로 이루어진 물질이 되었단다. 이것이 바닷물과 흙의 거대한 힘에 눌려 딱딱한 돌이

석유 생성 과정

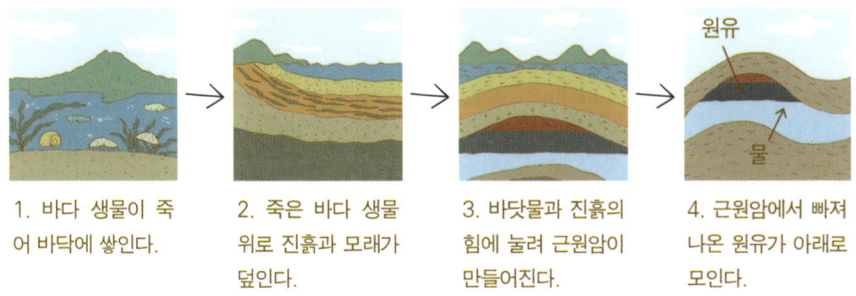

1. 바다 생물이 죽어 바닥에 쌓인다.
2. 죽은 바다 생물 위로 진흙과 모래가 덮인다.
3. 바닷물과 진흙의 힘에 눌려 근원암이 만들어진다.
4. 근원암에서 빠져나온 원유가 아래로 모인다.

되었지. 이 딱딱한 돌을 '근원암'이라고 해. 마그마의 뜨거운 열과 박테리아의 활동으로 근원암을 이루고 있는 성분은 바뀐단다. 근원암에는 산소, 질소 같은 것이 없어지고 탄소와 수소만 남는 거야. 이것이 바로 석유와 천연가스의 원유가 되지. 이 원유가 근원암에서 빠져나와 사암이나 석회암과 같은 돌로 이루어진 암석층에 모이면, 사람들은 이걸 퍼 올리는 거야.

너무 어렵다고? 그럼 이것만 기억하자. 바다 생물이 죽어서 돌이 되고 그 돌에서는 기름이 만들어져. 이 기름이 빠져나와 모여 있는 것을 원유라고 해. 우리는 이 원유를 퍼 올려서 석유나 천연가스를 뽑아내는 거고. 이렇게 되기까지는 우리가 상상할 수 없을 만큼 아주 오랜 시간과 복잡한 변화가 필요하지. 어때 조금 간단해졌지?

⊕ 우리나라에도 석유가 나왔다고?

사람들이 석유를 쓰기 시작한 것은 아주 오래전부터야. 노아의 방주 이야기를 들어본 적 있지? 하느님은 노아에게 큰비가 와 세상이 모두 물에 잠길 테니 산꼭대기에다 배를 만들어 놓으라고 하지. 노아는 하느님이 시킨 대로 배를 다 만든 뒤 물이 스며들지 않도록 역청으로 배의 틈새를 발랐다고 해. 이 역청이 바로 석유야.

석유를 사용했다는 기록은 이 밖에도 많아. 기원전 4천 년경 바빌로니아 사람들이 하늘 꼭대기에 닿으려고 바벨탑을 쌓을 때 역청을 접착제로 사용했다고 해. 또 기원전 3천 년경 유프라테스 강 근처에 살던 사람들은 땅 위로 배어 나온 기름과 역청을 건물과 배에 발라서 물이 스며들지 않게 했대.

기원전 2천5백 년경 인도 고대 도시 모헨조다로에서는 나무로 건물을 짓고 역청을 발라 나무가 썩지 않게 하고 해충을 쫓아내었다고 해. 또 이집트인들은 미라를 만들 때 천에 역청을 발라 시체가 썩지 않게 했지. 우리가 지금 3천 년이 넘은 미라를 볼 수 있는 것도 다 석유 덕분이야.

중국은 기원전 900년부터 대나무로 관을 만들어서 천연가스를 끌어 썼대. 기록으로 보자면 세계 최초로 천연가스를 쓴 셈이지. 중국인들은 이걸 '효수'라고 했어.

고대 중국의 석유 탐사

그럼 우리나라에서는 언제부터 석유를 쓰기 시작했을까? 1590년 명나라 때 쓰인『본초강목』에 다음과 같은 기록이 있어.

"고려 땅에서 석유가 나온다. 바위틈에서 흘러나오는데 샘물과 섞여 콸콸 쏟아져 나온다. 그 기름과 진기가 고기 국물 같다. 빛깔 검기가 옻칠과 같고, 유황 냄새가 몹시 난다. 고려 사람들은 여기에 불을 붙여 등불을 켜는데 아주 밝아서 좋다."

우리나라에 석유가 콸콸 나온 적이 있었다니, 놀랍지 않아?

이렇게 사람들은 아주 오래전부터 석유를 사용해 왔단다. 하지만 그렇게 많이 쓴 것은 아니었어. 역청을 바르거나 불을 때는 정도였지.

⊕ 석유 왕 록펠러

역청이나 불을 때는 것 말고 석유를 쓰게 된 건 한참 뒤의 얘기야. 1850년에 석탄에서 등유를 뽑아낼 수 있었고, 그로부터 한참 뒤에야 땅속에서 석유를 퍼 올릴 수 있었으니까. 왜 이렇게 늦었을까? 그건 석유가 갖는 특성 때문이야. 원유를 쓸 수 있는 석유로 만들려면 아주 복잡한 과정을 거쳐야 했거든.

그럼 언제부터 땅속에서 석유를 퍼 올렸을까?

1859년, 미국인 타운센드는 펜실베이니아주 타이터즈빌에 기름이 묻혀 있다고 알려진 우물을 사들였어. 그런데 타운센드는 지독한 구두쇠였단다. 철도 승무원 드레이크라는 사람을 직원으로 뽑았는데, 드레이크는 무임승차권을 가지고 있어서 교통비를 주지 않아도 되었기 때문이래.

드레이크는 기름기가 동동 떠 있는 우물을 보고는 석유가 묻혀 있을 거라 확신했지. 그래서 유능한 기술자를 불러서 기름 우물을 파 내려가기 시작했어. 하지만 아무리 파도 부연 기름기만 동동 떠오를 뿐 석유는 나오지 않았지. 사람들은 드레이크를 비웃었어. 하지만 드레이크는 포기하지 않고 열심히 땅을 파 내려갔어. 그런데 23미터쯤에서 퍼 올린 흙탕물에 기름 막이 떠 있는 게 아니겠어? 보통 300미터는 파야 하는데 행운이

드레이크가 최초로 석유를 퍼 올린 유정

오늘날의 유정. 오일을 퍼 올리는 펌프기는 '끄덕이는 당나귀'란 별명을 갖고 있다.

따른 거지. 바로 이때부터 석유를 대량으로 퍼 올리기 시작했단다.

　드레이크가 석유를 퍼 올리기 시작했다는 소문은 삽시간에 퍼져 나갔어. 친구와 잡화상을 하던 록펠러의 귀에도 전해졌지. 그 얘기를 듣자마자 록펠러는 석유 만드는 기술을 배운 새뮤얼 앤드류와 손잡고 '스탠더드 석유 회사'를 세웠어. 스탠더드 석유 회사는 세계 최초의 정유 공장이었지. 정유 공장은 원유에서 불순물을 없애고 여러 가지 석유를 만들어 내는 곳을 말해. 스탠더드 석유 회사는 근처에 있는 작은 정유 공장들은 물론, 석유를 나르는 데 필요한 송유관과 철도 수송권을 사들였어. 스탠더드 석유 회사는 원유를 퍼 올리고, 옮기고, 불순물을 제거하고, 여러 나라로 수출하는 일을 모두 할 수 있게 되었단다. 이제 사람들은 석유를 사려면 꼭 스탠더드 석유 회사로 가야 했어. 스탠더드 석유 회사의 허락 없이는 어떤 사람도 철도와 송유관으로 석유를 옮길 수 없었거든.

록펠러

석유 정유공장

　석유는 날이 갈수록 쓰임새가 많아졌단다. 자연히 록펠러는 엄청난 돈을 벌어들였지. 그래서 사람들은 록펠러를 '석유 왕 록펠러'라고 불렀어.

⊕ 비싸고 귀한 서양 기름

우리나라에는 1880년에 처음으로 석유가 들어왔어. 한창 서양에서 새로운 것들이 들어오던 때였지. 몇몇 사람들이 일본에 가서 서양 문물을 구경하고 돌아오면서 석유와 석유램프, 성냥을 가지고 왔던 거야. 사람들은 이 석유를 '서양 기름'이라고 불렀단다. '서양 기름'은 귀하고 비싸서 아무나 사용할 수 없었어. 그때는 피마자기름이나 들깨기름, 송진으로 등잔불을 켰거든.

1908년에 자동차가 처음으로 서울 거리에 나타났지. 자동차가 돌아다니기 시작하자 석유도 점점 더 많이 필요했어. 스탠더드 석유 회사에서 사 온 석유는 '솔표'라는 상표를 달고 팔렸단다. 그때 스탠더드 석유 회사는 인천 월미도에 석유 저장고를 지었어. 그러자 '남산만 한 서양 기름통'과 '서양 기름 배'를 구경하려고 사람들이 몰려들었다고 해.

> **1배럴은 몇 리터일까?**
>
> 원유는 배럴, 갤론, 리터, 톤 같은 단위로 잰단다. 1배럴은 42갤론, 즉 159리터야. 처음에는 석유를 200리터짜리 나무통에 넣어서 운반했는데, 운반 도중 새어서 목적지에 도착하니 159리터만 남았다고 해. 그 뒤로 1배럴은 159리터가 되었지.

⊕ 석유가 우리 집에 오기까지

유전에서 퍼 올린 원유는 먼저 가스와 물로 나눠야 해. 이렇게 나눠진 원유는 송유관과 기차, 유조선으로 옮겨져 세계 곳곳으로 실려 간단다. 유조선은 원유를 옮기기 위해 특별히 만들어진 배야.

유조선

송유관은 배나 기차로 옮기는 것보다 빠르고 편리하지. 비용도 적게 들고. 미국, 캐나다, 러시아, 유럽, 중동에서는 송유관으로 석유와 천연가스를 옮기고 있어. 하지만 송유관은 터지거나 사고가 나면 손해가 아주 크단다. 그 기나긴 송유관을 모두 감시할 수가 없으니 항상 위험이 도사리고 있는 셈이지.

뱃길로 옮기는 것도 위험하긴 마찬가지야. 페르시아 만에서 퍼 올린 원유와 천연가스를 사서 쓰는 나라들은 더욱 위험하지. 우리나라에서 쓰는 석유는 뱃길로 옮겨지는데, 페르시아 만에서 원유를 싣고 호르무즈 해협을 지나 아라비아 해를 거쳐 인도양을 빠져나온 유조선은 말라카 해협과 싱가포르 해협을 통과해야 해. 말라카 해협은 하루에도 6백여 척의 배들이 지나다니기 때문에 아주 붐비는 곳이란다. 또 넓고 좁은 곳의 차이가 아주 커. 그래서 배끼리 부딪힐 위험이 크지. 게다가

우리나라로 석유가 배달되는 길

해적들도 아주 많단다. 남중국해도 싸움이 자주 일어나는 곳이라 불안하고. 동중국해도 마찬가지로 위험한 길이야.

⊕ 천연가스를 액체로

이번에는 천연가스가 어떻게 들어오는지 알아볼까?

천연가스를 뽑아내면 곧바로 물, 탄산가스, 질소 같은 불순물을 없애. 그런데 천연가스는 기체 상태라서 저장하기가 쉽지 않아. 많은 양을 한꺼번에 운반하기도 힘들지. 그래서 -162도로 아주 차갑게 해서 액체로 바꿔야 해. 천연가스에는 메탄이 가장 많이 들어 있는데, 메탄이 액체로 바뀌는 온도가 -162도거든. 메탄은 액체로 바뀌면서 부피가 600분의 1로 줄어든단다.

액체로 바뀐 천연가스(액화천연가스, LNG)를 실어 나르는 것도 아주 어렵고 힘든 일이야. 온도가 조금이라도 높아지면 다시 기체가 돼 버리거

든. 그래서 천연가스를 운반하는 배가 따로 있어. 이렇게 들여온 천연가스는 저장 탱크에 보관해 두었다가 천연가스가 필요한 집이나 공장에는 다시 기체 상태로 만들어 보낸단다.

우리나라는 인도네시아, 말레이시아, 오스트레일리아 같은 나라에서 천연가스를 사 와. 이렇게 사 온 천연가스는 평택, 통영, 인천에 있는 저장 탱크에 보관된단다.

천연가스를 뽑아내 불순물을 없앤다.

천연가스를 액체로 바꿔 수송선에 싣는다.

운반해 온 천연가스를 저장 탱크에 보관한다.

천연가스 수송선

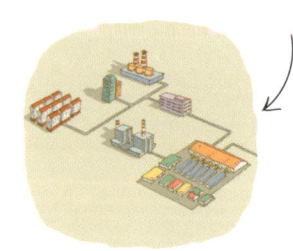

천연가스를 다시 기체로 만들어 집이나 공장으로 보낸다.

⊕ 석유와 천연가스는 어디에 쓰일까?

석유는 끓는점에 따라 차례로 증발하여 LPG(-42~-1도), 휘발유(30~180도), 등유(170~250도), 경유(240~350도), 벙커시유, 윤활유(350도 이상)가 된단다.

이렇게 뽑아낸 석유는 어디에 쓰일까? 우리가 먹고, 입고, 살아가는 모든 것에 쓰여. 지금 당장 석유가 없어진다면 우리는 아마 아무것도 할 수 없을 거야.

천연가스는 가루나 먼지가 날리지 않고, 유황, 질소가 들어 있지 않아서 석탄이나 석유보다 깨끗하단다. 또 같은 양의 석유, 석탄보다 열도 많이 내서 돈이 적게 들지. 천연가스에 가장 많이 들어 있는 메탄은 공기보다 가벼워서 밑에 가라앉는 일이 없어. 그리고 595도나 되어야 불이 붙기 때문에 안전하기도 해.

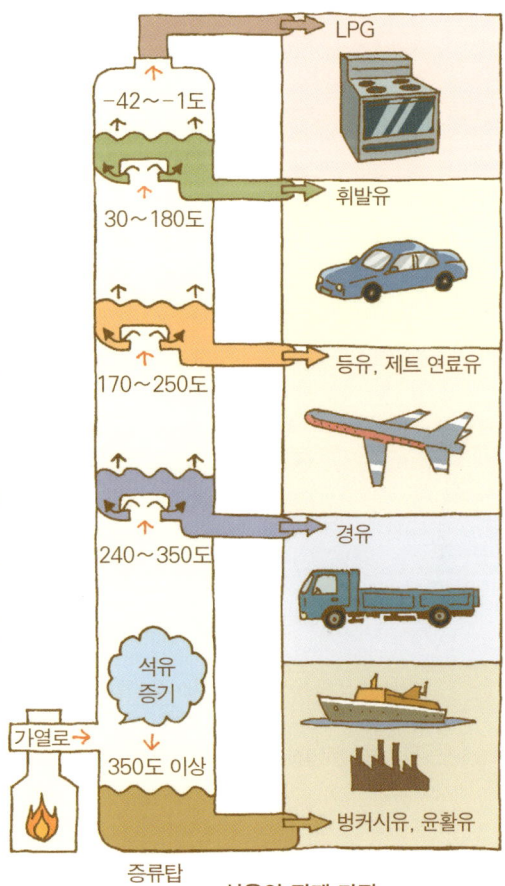

석유의 정제 과정

도시가스라고 들어 봤지? 부엌에 있는 가스레인지 옆에 쇠로 된 작은 관이 달려 있잖아. 그 관을 통해 들어오는 게 도시가스인데, 이게 바로 천연가스야. 도시가스는 집과 사무실에서 음식을 만들거나 냉·난방을 할 때 쓰인단다.

천연가스는 화력발전소에서 전기를 만드는 데도 사용돼. 또 천연가스를 차갑게 하면 주변이 아주 차갑게 되는데, 큰 냉동 창고를 차갑게 하거나 산업 쓰레기를 얼려서 부술 때 이를 이용한단다. 바닷물을 민물로 바꾸고, 원자력발전소에서 뜨거운 관을 식히는 데도 천연가스가 쓰이지.

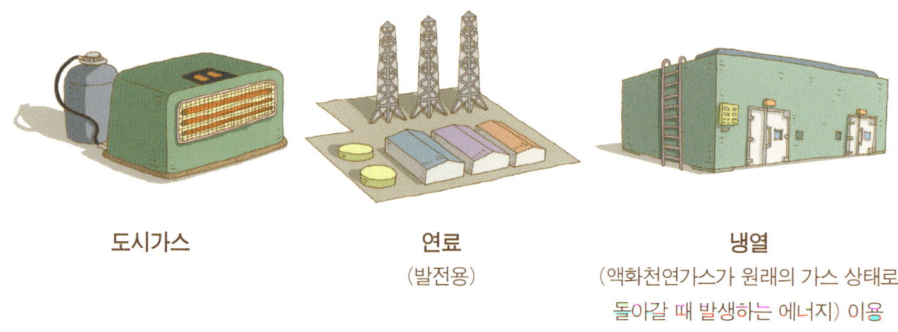

도시가스 　　　 연료 　　　 냉열
　　　　　　　(발전용)　　　(액화천연가스가 원래의 가스 상태로
　　　　　　　　　　　　　돌아갈 때 발생하는 에너지) 이용

천연가스는 어디에 쓰일까?

⊕ 석유 전쟁 이야기

석유는 공장의 기계를 돌리고, 자동차, 비행기, 배를 움직이는 데 꼭 필요하지. 그리고 화장품, 옷, 가방 등 우리가 날마다 쓰고 있는 갖가지 물건들도 석유로 만든 거야. 우리는 석유에 중독되어 살아가고 있어. 석유에 의존할수록 석유를 더 많이 쓰게 된단다. 과학자들은 지금처럼 석유를 쓰면 40년 안에 지구에 있는 석유가 바닥날 거라고 해.

이미 세계 곳곳에서는 마지막 남은 석유를 한 방울이라도 더 찾아내려고 애를 쓰고 있어. 또 석유를 둘러싼 크고 작은 싸움도 끊이질 않고 있지.

1990년 걸프전쟁도 석유 때문에 일어난 전쟁이야. 미국, 영국, 프랑스를 비롯한 33개 나라 군인들이 다국적군을 만들어 이라크와 쿠웨이트에서 전쟁을 벌였지. 상대는 이라크였어.

2001년 9월 11일 비행기 두 대가 미국 뉴욕에 있는 110층짜리 세계무역센터 쌍둥이 빌딩에 날아들었어. 뉴욕 말고도 워싱턴의 국방부 건물 등 여러 건물에 동시에 비행기가 떨어졌지. 온 세상이 깜짝 놀란 끔찍한 사

메이저 석유 회사의 힘

힘센 나라의 거대한 석유 회사들은 주삿바늘로 피를 뽑아내는 것처럼 세계 여러 나라 곳곳에 구멍을 뚫고 관을 찔러 넣어 석유를 뽑아내고 있단다. 환경을 파괴하고 자원을 바닥내는 짓도 서슴지 않으면서 말이야. 이렇게 석유로 엄청난 돈을 벌어 거대해진 석유 회사 가운데 '엑슨 모빌' '셰브론 텍사코' '로열 더치 셸' '브리티시 페트롤리엄'이 있어. 이 회사들을 '메이저 석유 회사'라고 해. 이 메이저 석유 회사들은 엄청나게 많은 돈을 가지고 있어 웬만한 나라보다 더 힘이 세단다.

건이었어.

　미국은 이 테러를 오사마 빈 라덴이 일으켰다고 발표했단다. 그리고 오사마 빈 라덴을 잡기 위해 아프가니스탄을 쳐들어갔어. 아프가니스탄에 오사마 빈 라덴이 숨어 있다면

이라크의 유정을 차지하려고 미국이 일으킨 이라크 전쟁

서 말이야. 사실은 미국 석유 회사들이 인도양으로 석유를 나를 수 있는 안전한 통로를 손에 넣기 위해 일으킨 전쟁이었단다.

　미국이 이라크를 쳐들어간 것도 같은 이유 때문이었지. 미국은 이라크의 후세인 대통령이 짧은 시간 안에 많은 사람을 죽일 수 있는 대량살상무기를 만들고 있다고 우겼어. 대량살상무기는 여러 나라에서 만들지 않기로 약속했거든. 또 후세인 대통령이 이라크 국민들을 괴롭히고 있다고 했지. 그래서 이라크를 쳐들어갈 때 세운 작전에도 '이라크의 자유'란 이

‖ 석유수출국기구(OPEC) ‖

석유수출국기구는 1960년에 메이저 석유 회사의 횡포에 억눌려 지내던 산유국들이 만든 단체야. 산유국이란 석유가 나오는 나라를 말해. 세계 여러 모임에서 더 큰 목소리를 내고, 국제 석유 가격을 정하고, 서로 협력하기 위해 만들었지. 아프리카의 알제리, 나이지리아, 리비아, 남아메리카의 베네수엘라, 중동의 이란, 이라크, 쿠웨이트, 사우디아라비아, 카타르, 아랍에미리트, 아시아의 인도네시아 등이 회원국이야. 본부는 오스트리아 빈에 있단다.

름을 붙였어. 하지만 이것도 사실은 이라크에 있는 석유 유정을 차지하기 위해서 벌인 일이었단다.

얼마나 많은 사람들이 석유 때문에 피를 흘리며 죽어 갔는지 몰라. 석유 왕 록펠러는 석유를 '악마의 눈물'이라고 불렀다는데, 그 말이 실감이 나지.

⊕ 새로운 에너지자원을 찾아라

현재 한 번도 퍼 올리지 않은 석유가 묻혀 있는 곳은 극지방이나 바다 속과 같은 캐내기 힘든 지역뿐이라고 해. 그래서 석유 회사들은 인공위성을 이용한 최첨단 기술로 석유를 찾는 데 열을 올리고 있단다. 하지만 아무리 석유가 묻힌 곳을 열심히 찾아도 사람들이 써 대는 석유의 양을 따라갈 수는 없다고 해.

예전에는 퍼 올리는 데 드는 돈이 너무 많이 들어서 내버려 뒀던 유정에서 석유와 천연가스를 어떻게 뽑아낼까 하는 연구도 이루어지고 있단다. 그중 가장 대표적인 것이 '오일 샌드'와 '가스 하이드레이트'야.

오일 샌드

'오일 샌드'는 말 그대로 석유와 뒤섞여 있는 모래야. 예전에는 석유와 모래를 나누는 것이 어렵고, 돈이 많이 들어서 건드리지 않았지. 하지만 최근에 오일 샌드는 '제2의 원유'로 떠오르고 있어.

오일 샌드는 캐나다 앨버타 주에 많이 있는데, 땅 위에도 있고 땅속에도 묻혀 있어. 땅 위에 있는 오일 샌드는 부숴서 원유를 뽑아내고, 땅속에 있는 것은 뜨거운 수증기로 모래를 녹여서 원유를 뽑아내고 있어.

캐나다의 오일 샌드

현재는 100만 배럴이 좀 넘는 원유를 뽑아내고 있는데, 2010년에는 200만 배럴, 2015년에는 300만 배럴을 뽑아낼 거라고 해.

가스 하이드레이트

일본은 잊을 만하면 독도가 자기네 땅이라고 우기고 있어. 일본 시마네현에서 독도는 자기네 땅이라는 광고를 텔레비전에 내보내기도 했어. 일본은 왜 이렇게 끈질기게 독도가 자기네 땅

바닷속 가스 하이드레이트

이라고 억지를 쓰는 걸까? 어쩌면 가스 하이드레이트 때문일지도 몰라.

우리나라에서는 2002년과 2003년에 독도의 남쪽 바닷속을 탐사한 적이 있어. 그 결과 놀라운 사실을 알아냈대. 그 바닷속에 가스 하이드레이트가 아주 많이 묻혀 있었던 거야. 사실 일본은 이보다 훨씬 전인 1984년부터 독도 근처 바닷속에 가스 하이드레이트가 얼마나 묻혀 있는지 조사했단다.

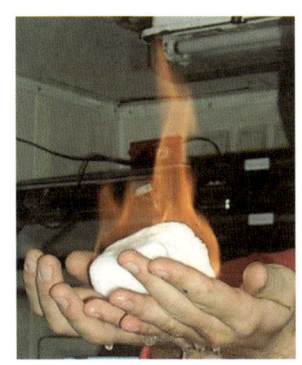
불타는 가스 하이드레이트

가스 하이드레이트는 고체로 된 천연가스인데, '불타는 얼음'이라고도 해. 죽은 해 와 플랑크톤이 썩으면서 가스를 내뿜는데, 물의 압력과 차가운 온도로 그 가스가 얼음 비슷한 고체 덩어리가 된 거야. 가스 하이드레이트가 시베리아, 알래스카, 극지방 같은 차가운 지역의 바닷속에 많이 있는 것도 이 때문이지. 우리나라 동해도 러시아에서 차가운 바닷물이 흘러드는 곳이야.

 가스 하이드레이트에는 메탄가스가 아주 많아서 열을 많이 낼 수 있단다. 과학자들은 전 세계에 묻혀 있는 가스 하이드레이트의 양이 12조 톤 정도 될 거라고 해. 묻혀 있는 석유, 천연가스, 석탄을 다 합친 것보다 두 배나 많은 양이야. 가스 하이드레이트는 석유가 묻힌 곳을 알려 주는 지시 자원이기도 해. 가스 하이드레이트가 있는 곳을 파 내려가면 석유와 천연가스가 나오는 일이 많거든. 가스 하이드레이트는 석유를 대신할 만한 에너지로 주목 받고 있단다.

 하지만 가스 하이드레이트가 완벽한 '꿈의 에너지'는 아니야. 가스 하이드레이트를 캐내려면 바닷속으로 수천 미터를 파 내려가야 해. 그러자면 에너지가 많이 들고 당연히 바다 환경이 파괴되지. 또 육지까지 무너져 내릴 수도 있어서 위험해. 땅속에 있던 가스가 뿜어져 나와 지구온난화를 부추길 수 있다는 문제도 있고.

⊕ 석유 위기에 우리는?

동해-1 가스전

놀라운 소식이 있단다. 2004년 11월 울산 앞바다에서 천연가스를 뽑아내기 시작했어. 바로 '동해-1 가스전'이야. 동해-1 가스전에서 뽑아낸 천연가스는 관을 통해 육지로 옮겨지지. 이렇게 옮겨진 천연가스는 공장에서 가스와 물로 분리해 바로 필요한 곳으로 보낼 수 있단다. 외국에서 사 올 때처럼 액체로 만들 필요가 없어. 또 액체 천연가스를 다시 기체로 만들 필요도 없으니까 돈과 노력이 절약되지.

동해 바다 밑 3425미터에서 뽑아낸 천연가스는 울산에 있는 화력발전소에서 전기를 만드는 데 쓰인단다. 동해-1 가스전에서는 자동차에 바로 넣어도 되는 초경질유(컨덴세이트)도 하루 750배럴씩 나온대.

하지만 이 정도로는 우리나라 사람들이 쓰는 양에 턱없이 모자라. 우리나라는 세계에서 가장 석유를 많이 쓰는 미국보다 더 심각하게 석유에 중독되어 있는지도 몰라. 얼마나 석유 중독이 심한지는 도로에 빽빽하게 늘어선 자동차들을 보면 알 수 있을 거야.

2007년 한 해에만 우리나라가 사용하는 석유를 수입하는 데 754억 달러를 썼어. 우리나라가 자랑하는 반도체와 자동차를 수출해서 벌어들인 돈을 전부 에너지를 사 오는 데 썼다는 얘기지. 우리나라는 세계에서 석유를 가장 많이 수입하는 나라 가운데 5위, 석유를 가장 많이 쓰는 나라 가운데 7위를 차지하고 있단다. 지금도 석유와 천연가스를 구하기 위해 지구 반대편도 마다하지 않고 뛰어다니고 있지.

  가스 하이드레이트 같은 대체 에너지를 찾으려 애쓰지만 쉽지도 않고 환경이 파괴될 위험이 있어. 그럼 우리는 어떻게 해야 할까? 뭐니 뭐니 해도 석유를 적게 쓰면서 사는 방법을 찾아야 해. 가까운 길을 가는 데도 자동차를 타고, 겨울철에 실내에서 반팔을 입을 만큼 따뜻하게 지낸다면 위기는 훨씬 빨리 닥칠 거야. 시간이 별로 남지 않았어.

막강한 힘을 내는 **핵에너지**

아, 여기가 원자력발전소구나. 아빠, 그런데요…. 원자력발전소에는 왜 굴뚝이 없어요?

응, 원자력발전소에서는 석탄이나 석유, 천연가스를 연료로 쓰지 않기 때문이지!

그럼, 무슨 연료를 쓰는데요?

막강한 힘을 내는 핵에너지

우리에게 가장 끔찍한 재앙과 가장 큰 힘을 동시에 주었던 핵에너지.
어떻게 해야 지혜롭게 쓸 수 있을까?

⊕ 원자가 깨지는 순간

지금으로부터 2600여 년 전, 그리스인들은 이런 의문을 품었어. '이 세상은 무엇으로 이루어져 있을까?' 이 세상은 물로 만들어졌다, 아니다 공기다, 불이다, 흙이다, 물과 흙이다 하면서 여러 주장이 쏟아졌지.

그 가운데 자기를 신이라 말하고 다닌 엠페도클레스가 있었어. 엠페도클레스는 이 세상이 물, 불, 흙, 공기, 네 가지 원소로 만들어졌다고 주장했어. 이 네 원소가 '사랑'과 '미움'에 따라서 모였다가 흩어진다고 했지. 엠페도클레스의 '4 원소론'은 그 뒤 2천 년 동안 진리로 받아들여졌단다.

그런데 이 믿음을 깬 과학자들이 나타났어.

1803년 영국의 돌턴은 원소가 원자로 이루어져 있다는 '원자설'을 발표했어. 작고 단단해서 더 이상 깨어지지 않는 원자가 물질의 최소 단위라고 했지. 자연에 존재하는 모든 물질은 아주 작은 원자가 모여서 이루어져 있다는 거야.

1911년에는 뉴질랜드 과학자 러더퍼드가 원자는 원자핵과 그 주위를 도는 전자들로 이루어져 있다는 사실을 알아냈어. 또 원자가 절대로 쪼개지지 않는 이유도 알아냈지. 원자핵은 양전기를 띤 양자와 중성 전기를

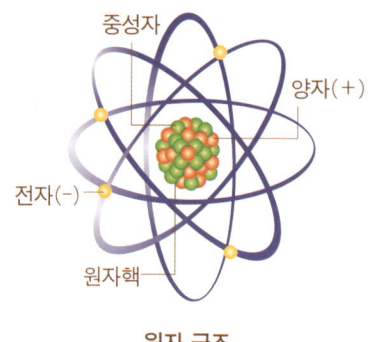

원자 구조

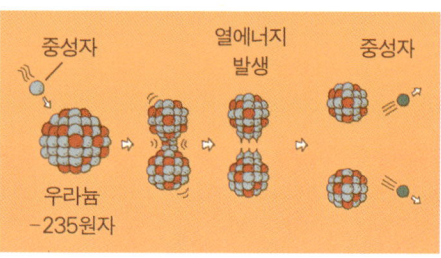

핵분열의 원리
핵분열이 일어날 때 많은 에너지와 함께 2, 3개의 중성자가 나온다.

띤 중성자로 똘똘 뭉쳐 있기 때문이야.

그런데 원자는 절대로 깨지지 않는다는 믿음도 결국 깨지고 말았어. 20세기 초에 독일 과학자들이 우라늄의 원자핵이 중성자와 만나면 스스로 쪼개진다는 사실을 밝혀냈거든. 우라늄(우라늄-235) 원자가 중성자 1개를 흡수하면 원자핵이 둘로 쪼개지는데, 이것을 '핵분열'이라고 해. 원자핵이 핵분열을 하면 많은 에너지와 함께 2, 3개의 중성자를 내놓지. 이렇게 나온 중성자는 다른 원자핵과 만나고 그러면 핵분열이 일어나고 또 중성자가 나오고……. 이렇게 핵분열이 계속 이어지는데, 이것을 '핵분열 연쇄반응'이라고 한단다.

⊕ 핵에너지를 처음 이용한 것은?

핵에너지라니. 인류는 역사상 가장 큰 힘을 손에 넣은 거야. 사람들은 흥분을 감추지 못했지. 핵에너지를 손에 넣기 위해 모든 나라들이 팔을 걷어붙였고, 수많은 과학자들이 밤을 지새웠어.

그런데 불행히도 핵에너지를 이용해서 처음으로 만든 것은 다름 아닌 원자폭탄이었단다. 제2차 세계대전이 한창일 때 독일의 과학자들은 정부의 지원을 받으며 핵무기를 개발하고 있었어.

전쟁 당시 히틀러가 다스리는 독일을 탈출해 미국으로 건 간 유럽의 과학자들은 독일이 원자폭탄을 만들면 세계가 위험해질 거라고 생각했지. 그래서 아인슈타인과 몇몇 과학자들이 루스벨트 대통령에게 편지를 썼단다. 독일이 원자폭탄을 만들기 전에 미국이 먼저 만들어야

아인슈타인

한다고 말이야. 1941년 12월 6일 미국에서 원자폭탄을 만들기 위한 연구가 시작되었어. 그 연구에는 '맨해튼 계획'이라는 이름이 붙었지. 핵분열에 관한 연구가 주로 뉴욕 맨해튼에서 이뤄졌기 때문이야. 그런데 그 이틀 뒤인 12월 8일에 일본군이 미국 영토인 진주만을 기습 공격하면서 태평양전쟁이 일어났어. 미국은 일본과 싸워 이기기 위해서 더욱 원자폭탄을 만들어야 한다고 생각하게 되었지.

⊕ 최초의 원자폭탄, 꼬마와 뚱보

맨해튼 계획은 오펜하이머라는 과학자가 이끌었어. 오펜하이머 말고도 독일군에 쫓겨 미국으로 온 유럽 과학자, 미국 과학자 등 많은 유명 과학자들이 이 계획에 참여했단다. 과학자들은 미국 남부에 있는 외딴 산간

마을 로스앨러모스에 비밀 연구소를 세우고 원자폭탄을 만들기 시작했어. 1945년 오랜 연구와 실험 끝에 드디어 충분한 양의 우라늄-235와 플루토늄-239를 만들어 내는 데 성공했어.

핵폭탄은 우라늄-235와 플루토늄-239가 핵분열 연쇄반응으로 나오는 어마어마한 에너지로 터진단다.

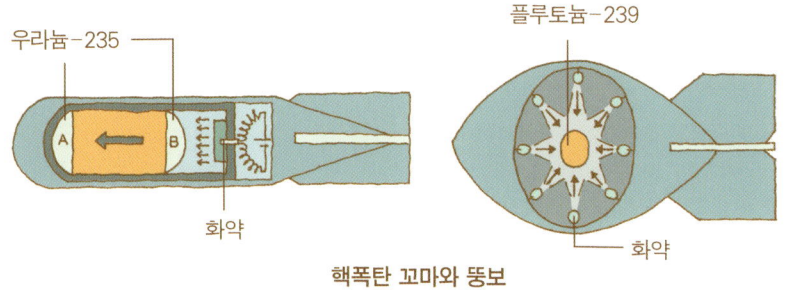

핵폭탄 꼬마와 뚱보

처음 만들어진 원자폭탄에는 '꼬마'와 '뚱보'라는 이름이 붙었어. 우라늄을 넣은 원자폭탄은 가늘어서 '꼬마'라고 했고, 플루토늄을 넣은 원자폭탄은 공처럼 둥글어서 '뚱보'라고 했대. 무시무시한 원자폭탄의 이름 치고는 너무 귀엽지 않아? 꼬마는 미국 루스벨트 대통령의 모습을, 뚱보는 영국 처칠 수상의 모습을 본떴다고 해.

그런데 원자폭탄이 거의 완성되어 가던 1945년 5월 7일 독일이 연합군에 무조건 항복을 선언했어. 독일이 항복했으니 이제 원자폭탄을 만들 필요도 없어졌지.

그러자 몇몇 과학자와 정치가 들이 일본의 항복을 받아내기 위해 일본에 원자폭탄을 떨어뜨리자고 했어. 오펜하이머를 비롯해 맨해튼 계획에 참여했던 페르미, 로렌스, 콤프턴 등의 과학자들은 이 문제에 대해 머리를 맞대고 고민했지. 결국 네 사람은 일본에 원자폭탄을 떨어뜨리자는 데 동의했단다.

⊕ 인류 역사상 가장 무서웠던 날

최초의 원자폭탄 실험이 1945년 7월 16일 뉴멕시코 주 사막에서 이루어졌어. 폭탄이 터지자 엄청난 빛과 모래 폭풍이 일었지. 사방 몇 킬로미터까지 땅이 들썩이고 무시무시한 열기가 뿜어져 나왔단다. 이 광경을 본 과학자들은 예상보다 엄청난 파괴력에 벌어진 입을 다물 수가 없었어.

원자폭탄을 만들어야 된다고 했던 아인슈타인을 비롯한 몇몇 과학자들은 일본에 원자폭탄을 떨어뜨리는 것을 끝까지 반대했어. 이 실험을 보고도 원자폭탄을 쓰는 것은 씻을 수 없는 죄를 짓는 일이라고 하면서 말이야.

하지만 인류 역사상 가장 무서운 운명의 날은 결정되고야 말았지. 1945

원자폭탄이 터질 때 생기는 버섯구름

원자폭탄이 떨어진 일본 히로시마

년 8월 6일. 최초의 원자폭탄 '꼬마'가 일본 히로시마에 떨어졌어. 우라늄으로 만든 4.5톤의 '꼬마'는 떨어진 곳에서 3킬로미터 떨어진 곳까지 모두 쑥대밭으로 만들었단다. 14만 명이 순식간에 목숨을 잃었지. 그 후 원자폭탄 때문에 병을 앓다가 죽은 사람들까지 합치면 지금까지 히로시마에 떨어진 원자폭탄으로 죽은 사람은 20만 명이나 된대. 원자폭탄이 떨어졌을 때 히로시마 인구의 3분의 2가 죽은 거야.

뒤이어 플루토늄으로 만든 5톤의 '뚱보'가 8월 9일 나가사키에 떨어져 7만 명이 목숨을 잃었단다. 인류 전쟁 역사에서 가장 참혹한 대학살이었지. 일본은 1945년 8월 15일 무조건 항복했어. 이렇게 해서 제2차 세계대전은 인류에게 씻을 수 없는 참혹한 상처를 남기고서 막을 내렸단다.

전쟁은 막을 내렸지만 핵폭탄의 상처는 그 뒤로도 아주 오랫동안 남았어. 가장 안타까운 일은 이 엄청난 위력을 본 여러 나라들이 앞 다투어 핵폭탄을 만들려고 나섰다는 사실이야. 결국 지금은 수백에서 수천 개에 이르는 핵폭탄이 전 세계 곳곳에 설치되어 있단다. 지구의 모든 생명을 몇 번이고 죽음으로 몰아넣을 수 있는 어마어마한 양이지.

오펜하이머와 아인슈타인 등 맨해튼 계획에 참여했던 과학자들은 '우리가 대체 무슨 짓을 저지른 거지?'하며 후회했어. 평화를 위한다고는 했지만, 가장 잔혹한 범죄를 저질렀으니까.

과학자들은 더 이상 핵폭탄을 개발해서는 안 된다며 목소리를 높였지. 핵이 전쟁과 파괴가 아닌 평화를 위해 쓰여야 한다면서 말이야. 과연 과학자들이 바라는 대로 사람들은 핵을 평화로운 삶에 이용할 수 있을까?

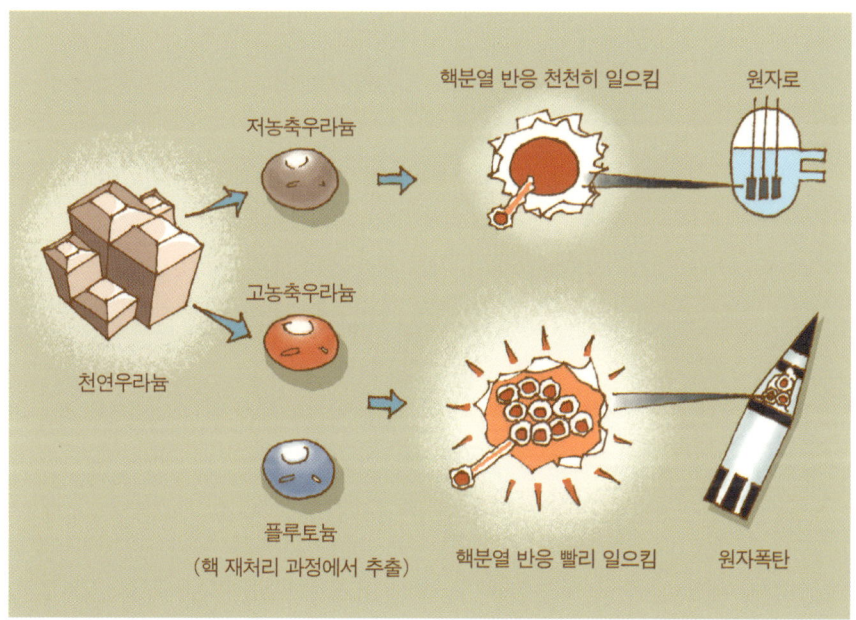

핵을 사용하는 두 가지 길

⊕ 평화로운 핵

평화롭게 핵에너지를 이용하는 방법은 크게 두 가지가 있어. 어떤 원자는 핵분열을 할 때 방사선을 내는데, 이 방사선을 이용하는 게 그 한 가지야. 병원에서 검사할 때 많이 쓰는 X선이나 CT도 모두 이 방사선을 이용한 것이란다. 방사선은 암을 치료하거나, 의료기를 소독하는 데 쓰이기도 하지.

병원 밖에서도 방사선은 많이 쓰인단다. 농작물을 더 좋은 것으로 만들

방사선의 활용

기 위해 품종을 개량하는 데 방사선이 중요한 일을 하거든. 또 해충을 죽이기도 해. 식품을 외국에서 들여올 때 방사선을 쬐면 신선함이 오래간대. 이런 식품이 인간에게 아무 해가 없는지는 잘 알아봐야겠지.

건축물에 금이 갔는지 검사할 때도 방사선이 쓰인단다. 옛날 물건이 언제 만들어졌는지, 미라의 나이는 몇 살인지 알아내는 데도 쓰이지. 이 밖에도 바다 밑과 우주를 탐사할 때도 방사선을 사용한단다.

방사선 말고 핵에너지를 이용하는 또 다른 방법은 바로 원자력발전이야. 원자력발전을 하려면 원자로가 필요해. 핵분열 연쇄반응이 천천히 일어나게 해 필요한 만큼의 에너지를 안정적으로 뽑을 수 있게 만든 장치가 바로 원자로거든. 원자로는 원자력발전소에서 가장 중요한 부분이야.

원자로는 두께가 25센티미터나 되는 두꺼운 강철로 만들어. 원자로 안에는 핵분열을 일으키는 연료와 핵분열 연쇄반응을 도와 주는 감속재, 열을 식혀 주는 냉각재, 연쇄반응 속도를 조절하는 제어봉이 들어 있어.

원자로에서 전기에너지를 얻어 내는 원리는 화력발전소와 같아. 핵분열로 나오는 열기로 물을 끓여 증기를 만들고 이걸로 터빈을 돌려 전기를 얻는 거지.

　원자로는 쓰이지 않고 버려지는 에너지가 적도록, 항상 같은 에너지를 내도록 계속 더 좋게 바뀌어 왔단다. 이런 노력 덕분에 최근에는 먼 거리를 운항하는 커다란 화물선, 두꺼운 얼음을 부수며 항해하는 쇄빙선, 바다 밑을 다니는 잠수함의 엔진을 움직이는 에너지로도 쓰이고 있어.

우리나라 원자력발전소

우리나라도 1978년 고리 원자력발전소를 시작으로 2008년 현재까지 20기가 세워졌어. 우리나라 전체에서 쓰는 전기의 40%가 원자력발전소에서 만들어진다고 해. 70년대 석윳값이 갑자기 올라 어려움을 겪으면서 원자력발전을 늘렸기 때문이래. 지금은 세계 6위의 원자력발전 국가란다. 원자력은 이제 우리나라에서 공장을 돌리는 데 없어서는 안 될 중요한 에너지원이 되었어.

하지만 원자력발전소의 골칫거리인 안전사고 문제나 방사성폐기물 처리 문제 등에 대해서는 우리도 많이 고민해야 한단다. 뒤에서 좀 더 알아보도록 하자.

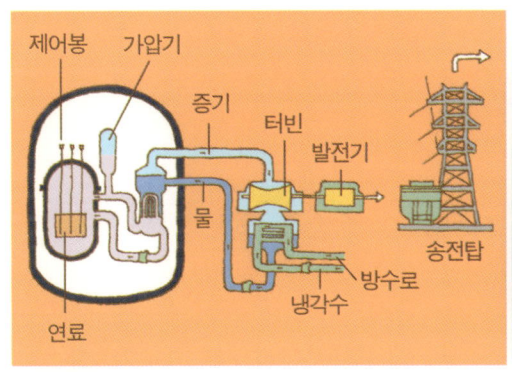

원자력발전

울진 원자력발전소

막강한 힘을 내는 핵에너지

⊕ 원자력발전의 골칫거리

원자력발전에는 해결하기 힘든 골칫거리가 있어. 바로 방사성폐기물이야. 방사성폐기물이란 방사성 물질이나 방사능으로 오염된 물질을 말해. 방사성폐기물은 두 가지로 나뉜단다. 원자력발전소에서 일하는 사람들이 사용했던 작업복, 장갑, 덧신이나 발전소를 고치고 나온 부품처럼 방사능의 세기가 낮은 중·저준위 폐기물이 그 하나야. 또 다른 하나는 사용한 핵연료처럼 방사능의 세기가 높은 고준위 폐기물이지.

폐기물에서 나오는 방사선을 쪼이면 세포핵 속의 유전자가 돌연변이를 일으키거나 파괴된대. 아기를 가진 여자가 방사선을 쪼이면 기형아가 태어날 수도 있는 거야. 또 방사선에 많이 노출되면 암을 비롯해 여러 가지 병에 걸릴 수도 있대. 그래서 방사능의 세기에 따라 특별한 방법으로 처리하고 있어. '처리'한다는 것은 방사성폐기물에서 나오는 방사선을 없애는 것이 아니라, 방사선이 나오지 못하게 막는 것을 말해.

이러한 폐기물들을 얼마나 안전하게 보관하느냐가 가장 중요하지. 그래서 원자력발전을 하고 있는 나라에서는 방사성폐기물 처리로 골머리를 앓고 있단다. 우리나라도 마찬가지야. 안전한 원자로를

개발하는 것만큼이나 방사성폐기물을 완벽하게 처리하는 기술을 개발하는 것도 큰 숙제야.

⊕ 원자력, 빛일까 어둠일까?

원자력은 우리에게 빛일까 어둠일까? 정말 대답하기 힘든 질문이야. 지금으로서는 원자력을 안전하게 사용하고 방사성폐기물을 잘 처리하는 기술을 연구하는 것이 최선이라고 생각해. 핵무기를 모두 없애고, 원자력발전을 안전하게 할 수 있는 기술을 개발하는 거지. 지금도 원자로를 둘러싼 크고 작은 사고가 끊이지 않고 있거든.

1979년 미국 스리마일섬의 원자력발전소에서 냉각수가 갑자기 끊기면서 원자로가 녹을 뻔한 사고가 났어. 다행히 방사성 물질이 원자로 용기를 뚫고 밖으로 나오지는 않았대.

1986년에는 사상 최악의 원자력발전 사고가 일어났어. 소련 체르노빌 원자력발전소의 원자로가 녹아서 폭발한 거야.

폭발한 체르노빌 원자력발전소

어마어마한 폭발이었지. 이 폭발로 많은 사람이 그 자리에서 목숨을 잃었다는구나.

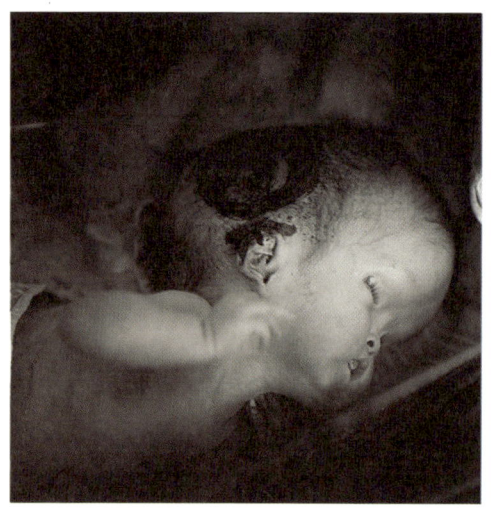

체르노빌 원자력발전소 폭발로 퍼져 나간 방사선 때문에 기형이 된 아이

하지만 이건 시작에 불과했어. 발전소의 방사성 물질이 폭발 때문에 널리 퍼져 나간 거야. 방사선을 쏘인 사람들이 적게는 1만 4천 명부터 많게는 47만 5천5백 명 정도가 암에 걸렸어. 공기 중에서 빠르게 퍼져 나간 방사성 물질은 멀리 북유럽까지 피해를 줬단다. 사람은 물론이고 식물과 동물, 땅, 강물까지 방사성 물질에 오염되었지.

지금은 러시아가 된 소련은 이 사고로 인한 피해를 꼭꼭 숨기려 했어. 지금까지도 체르노빌에 살던 사람들이 얼마나 방사선에 쏘였는지, 사고 후에 얼마나 많은 사람들이 병에 걸렸는지에 대해서는 입을 꾹 다물고 있어.

이렇듯 문제가 끊이지 않자 원자력발전을 하지 않겠다는 나라도 생겨났어. 하지만 여전히 많은 나라들이 원자력발전에 더 많은 노력을 기울이고 있단다. 원자력 말고는 별다른 대안이 없다고 생각하는 거야. 지금 전 세계에는 원자력발전소가 440여 개 있어. 석유와 천연가스, 석탄이 비싸져서 전체 에너지 중에서 원자력이 차지하는 부분은 더 커지고 있단다.

언제나 우리 곁에 있는 **태양에너지**

지구 구석구석으로 배달되는 태양에너지. 그 양도 어마어마하대.
어떻게 하면 태양에너지를 잘 이용할 수 있을까?

⊕ 태양은 에너지를 뿜는다

 우리 인간은 태양이 내뿜는 에너지를 이용하여 지금까지 살아왔어. 그러나 요즘은 전기를 이용해서 언제든지 빛을 얻을 수 있으니 점점 태양의 고마움을 잊고 살아가는 것 같아. 돈도 받지 않고 누구에게나 보내 주는 태양의 빛과 열. 잘 이용하면 지구온난화를 막을 수도 있을 거야.

 태양에너지는 지구의 구석구석으로 날마다 배달돼. 게다가 온실가스를 거의 배출하지 않는 깨끗한 연료이기도 해. 이만큼 훌륭한 에너지자원도 없을 거야. 그래서 21세기의 가장 유용하고 새로운 재생에너지로 대환영을 받고 있어.

 사람들은 아주 오래전부터 태양을 에너지로 써 왔단다. 기원전 212년

뉴멕시코 주에 있는 태양로

에는 아르키메데스가 청동거울로 태양빛을 반사시켜 적 함대의 돛에 불을 붙였다는 기록이 있어. 17, 8세기에는 거울, 렌즈로 햇빛을 모아서 광물을 녹였다고 해. 현재 미국의 뉴멕시코 주에 있는 태양로는 1775개의 거울이 태양빛을 반사해 한곳으로 모을 수 있게 되어 있단다. 이렇게 모인 태양빛으로 온도를 1760도까지 올려서 강철판을 녹인대. 돋보기로 햇빛을 모아서 검은 색종이를 태워 본 적이 있을거야. 둘 다 같은 원리란다. 이만하면 태양열이 얼마나 뜨거운지 알겠지?

최근에는 사람들이 다시 태양에 관심을 갖기 시작했어. 지구의 화석에너지가 바닥을 보이면서, 그걸 대신할 에너지자원으로서 말이야. 태양이 내뿜는 에너지의 양은 상상 못할 정도로 엄청나거든. 중심 온도는 1500

만 도이고 표면 온도는 6000도나 돼. 뜨거운 태양이 뿜어내는 에너지 중 20억분의 1 정도만이 지구 표면에 내리쬔다고 해. 그래도 사막에 쏟아지는 햇빛 열량의 1%만 온전히 모아도 전 세계에서 필요로 하는 전기를 모두 만들 수 있대. 어때, 놀랍지?

태양에너지를 이용하는 방법은 크게 둘로 나눌 수 있어. 하나는 열에너지를 이용하는 거고, 또 하나는 빛에너지를 이용하는 거야. 집열판을 통해서 태양열을 모으면 태양열에너지를 얻을 수 있지. 또 태양전지판에 빛을 쪼이면 태양빛에너지가 모여 전기가 만들어져. 문제는 두 방법 다 태양에너지를 모두 모아 내기엔 부족하다는 거야. 과학자들이 더 나은 기술을 개발하고 있으니 좋은 결과가 나오겠지.

그럼 태양에너지를 어떻게 이용하고 있는지 자세히 들여다볼까?

⊕ 태양열로 무엇을 할 수 있을까?

태양열발전도 다른 발전들과 원리는 같아. 우선 태양열을 모아서 1000도 정도의 열을 얻어야 해. 그러려면 먼저 태양열을 모을 집열판이 필요하지. 집열판은 태양열을 조금이라도 더 많이 얻기 위해 태양을 따라 움직이도록 되어 있어. 해바라기처럼 말이야. 이렇게 얻은 열로 증기를 내고, 이 증기의 힘으로 전기를 만들지.

 태양열발전을 하려면 직사광선이 많이 필요해. 그래서 사막처럼 햇빛이 강한 지역일수록 태양열발전이 잘된단다.

태양열로 집을 따뜻하게!

 태양열은 커다란 발전소에서만 사용할 수 있는 게 아니야. 작은 집열판을 쓰면 집에서도 태양열을 아주 쓸모 있게 사용할 수 있어.

태양열 집열판 지붕

 주변을 잘 보면 지붕에 집열판을 단 집들을 볼 수 있을 거야. 지붕에 달아 둔 집열판은 햇볕을 받아 뜨거워지지. 집열판에 모인 뜨거운 열은 열 전달관을

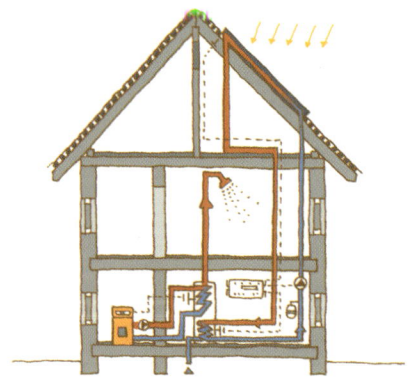

태양열 모으는 장치

통해 물이 들어 있는 파이프에 전해지고, 전해진 열은 파이프의 물을 따뜻하게 데워 준단다. 이렇게 데워진 물을 난방에 쓰기도 하고 온수 저장 탱크에 모아 두는 거야. 그러면 필요할 때마다 수도꼭지만 틀면 온수가 나오는 거지.

태양열로 난방을 할 때 집열판에서 얻은 열로 전체 에너지의 어느 정도를 충당할 수 있는가는 태양열 난방 장치의 크기에 따라 다르다는구나. 그런데 그것보다 훨씬 더 중요한 것은 벽이나 지붕, 창문으로 열이 달아나지 않도록 철저히 단열하는 거래. 열이 빠져나가지 않도록 집을 잘 지으면 15제곱미터의 집열판으로도 작은 집 한 채를 데울 수 있는 난방열을 얻을 수 있다고 해.

태양열로 집을 시원하게?

태양의 뜨거운 열로 집을 시원하게 하는 것은 불가능하다고?

태양열로 냉방도 할 수 있다는 사실! 태양열 냉방 장치는 습기 제거제로 흔히 쓰이는 실리카겔을 사용하기도 한단다. 이런 냉방 방식을 흡착식이라고 불러. 물이 증발할 때 주변의 열을 빼앗아 주위 온도를 낮추는 원리를 이용한 거야. 실내로 들어오는 바깥 공기가 실

태양열 냉장고

리카겔을 통과하면서 건조해지는데, 이 건조한 공기에 물방울을 뿌린대. 그러면 물방울이 증발하는 과정에서 주변 공기가 차가워지지. 이런 과정이 반복되면 어느 순간 실리카겔에 습기가 잔뜩 스며들게 되는데, 이때 태양열을 이용해 실리카겔을 가열해 습기를 제거하고 다시 쓸 수 있게 만든대.

태양열 냉방은 에어컨을 쓰는 것보다 장점이 많아. 에어컨을 켤 때는 창문을 꼭꼭 닫아야 시원해지기 때문에 가끔 창문을 열고 환기를 시켜줘야 해. 그렇지 않으면 냉방병에 걸려 고생하거든. 그러나 태양열 냉방은 신선한 공기가 계속 들어오기 때문에 따로 환기시킬 필요가 없어. 또한 에어컨에 꼭 필요한 프레온가스도 필요 없지. 프레온가스가 지구온난화를 일으키고 오존층을 파괴하는 주범인 거 다 알고 있지?

태양열로 돌아가는 냉장고도 있단다. 이 냉장고는 전기가 들어오지 않는 아프리카에서 상하기 쉬운 음식물을 저장하는 데 쓰이고 있어. 또 전기가 끊긴 병원에서 의약품을 보관하는 데 아주 요긴하게 쓰이지.

태양열로 말리고 끓이기

태양열은 또 공기를 뜨겁게 만들어서 농작물을 건조시키는 데 쓸 수 있어. 바닥을 검게 칠한 판 위에 얼마간 공간을 두고, 빛이 통과할 수 있는 투명 막을 씌우면, 여기에 햇빛이 비쳐 판과 막 사이의 공기가 뜨거워지지. 이렇게 하면 태양열 건조 장치가 된단다.

건조 장치에다 농수산물을 말리면 시간이 절약돼. 또 쥐나 파리, 벌레가 달려드는 것을 막을 수 있어서 아주 깨끗하게 말릴 수 있고. 태양열 건조 장치는 열대와 아열대 국가에서 많이 쓰고 있어. 우리나라에서는 아직 사용하지 않는단다.

햇빛을 잘 모으면 요리도 할 수 있단다. 태양열 조리기를 쓰면 달걀을 삶거나 라면을 끓일 수 있거든. 태양열 조리기는 인도나 아프리카와 같이 땔감을 구하기 힘들지만 햇빛은 많은 나라에서 많이 쓰이고 있어. 요리 한 번 하려면 아주 멀리까지 가서 땔감을 구해 와야 하는 이 나라 사람들에게 태양열 조리기는 정말 고마운 장치지.

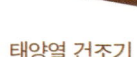
태양열 건조기

우리도 태양열 조리기를 한번 만들어 볼까? 아주 간단해. 못 쓰는 CD나 포일을 라면 박스 안에 붙이기만 하면 되거든. CD를 쓸 때는 아무것도 없는 면이 위로 보이게 붙여야 빛을 잘 반사하겠지? 그런 다음 박스를 햇빛이 잘 드는 곳에 내놓고 기다리는 거야. 라면을 끓일 수는 없겠지만 물은 제법 따뜻하게 데울 수 있을 거야.

태양열 조리기

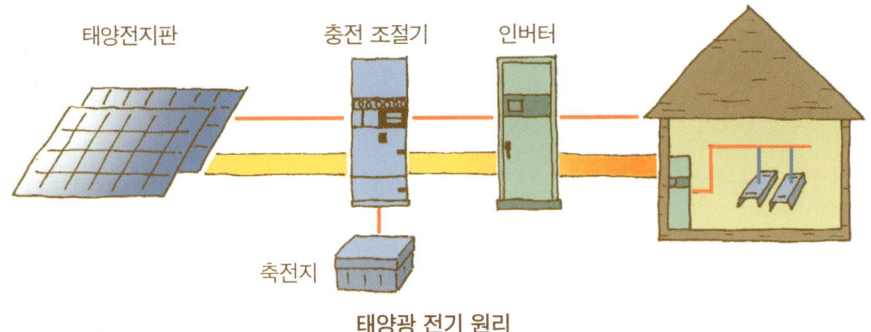

태양광 전기 원리

⊕ 태양전지에 빛을 모아라

이번엔 태양광발전을 한번 살펴볼까? 태양광발전에는 태양전지가 필요해. 태양전지에 빛에너지(광자)가 들어오면 전자가 이동하고, 전류가 흐르면서 전기가 발생하는 원리야. 아인슈타인이 이 원리를 밝혀서 논문으로 발표했는데, '광전효과'라는 이론이야. 이 논문으로 노벨물리학상을 받았단다.

태양전지판 한 개에서 나오는 전기는 아주 적어. 그러니까 전기를 많이 얻으려면 태양전지판을 여러 개 연결해야만 돼. 태양전지판 36개를 연결한 것을 모듈이라고 하는데, 태양광발전을 많이 하려면 태양전지 모듈도 많이 설치해야 한단다.

⊕ 인공위성에서 분수대까지

태양전지를 가장 먼저 이용한 곳은 인공위성이었어. 실험이 아니라 실제로 사용된 건 1958년 발사된 미국의 '뱅가드 호'가 처음이었지. 그 후로 모든 인공위성에는 태양전지가 쓰였단다. 우주에는 하루 종일 태양이 비치고 햇빛의 세기가 대기권에서보다 4배나 세거든. 태양전지판은 인공위성을 발사할 때는 접혀져 있다가 우주에 나가면 활짝 펴진단다.

태양전지 충전지는 낮에 태양빛이 비치는 곳에 두기만 하면 충전이 되지. 전자계산기, 손목시계, 휴대전화, 들고 다니는 램프 등 여러 곳에 쓰여. 공원의 산책로와 정원 바닥에 설치하는 바닥 등에도 쓰인단다.

바닷길을 밝히는 등대와 산골에 태양광 가로등을 설치하면 언제나 불을 밝힐 수 있지. 또 태양전지로부터 얻은 전기로 분수의 물을 뿜어 올리는 태양광 분수대도 있단다.

인공위성의 태양전지

태양광 휴대전화

태양광 램프

태양광 등대

태양광 가로등

태양광 분수

⊕ 우주에서 전기 만들기

아프리카의 사하라 사막과 중국의 고비 사막에 태양광 발전소를 세워서 우리나라에 필요한 전기를 얻을 수도 있어. 생각을 좀 더 넓혀 볼까? 지구 밖 우주에는 하루 종일 태양빛이 내리쬐고, 태양빛의 세기도 지구보다 4배로 크다고 했지? 이런 태양빛을 이용하면 우주에서 전기를 만들어서 지구로 보낼 수도 있을 거야.

이게 전혀 불가능한 꿈은 아냐. 지금도 활발하게 연구되고 있거든. 하지만 하루아침에 이런 일이 이뤄지지는 않겠지. 우선 지금은 우리가 할 수 있는 일을 해야 해. 만약 아파트를 비롯한 모든 건물 지붕에 태양전지판을 달아서 태양광발전을 한다고 해 봐. 우리가 태워서 없애는 석유와 석탄을 크게 줄일 수 있을 거야. 왜 당장 그렇게 하지 못하냐고? 설치하려면 당장 돈이 많이 드는데, 지금 내는 전기요금은 싸잖아.

⊕ 태양전지의 장점과 단점은?

태양전지판은 어느 곳이든 햇빛이 있는 곳이면 간단히 설치할 수 있어.

또 한 번 설치한 후에는 돈이 거의 들지 않아. 태양전지 숫자만큼 전기를 생산하니까 태양전지를 많이 설치하면 많은 양의 전기를 얻을 수 있어. 따로 기계를 돌려야 하는 것도 아니니까 소음과 진동이 없고, 이산화탄소와 같은 온실가스도 내뿜지 않아. 또 한 번 달아 놓으면 20년 이상 쓸 수 있단다.

태양전지 모듈은 설치할 만한 공간이 필요하단다. 에너지를 많이 생산하려면 넓은 공간이 필요하겠지. 또 오랫동안 쓸 수 있지만 값이 비싸단다. 태양전지를 만드는 데 쓰이는 규소가 비싸기 때문이야. 그래서 아직은 태양광발전 시설을 설치하는 데 돈이 많이 든단다. 우리 모두가 쉽게 쓸 수 있는 값싸고 성능 좋은 태양전지가 하루 빨리 만들어지면 좋겠어.

넓은 공간에 많이 설치된 태양전지 모듈

⊕ 태양광 자동차, 배, 비행기

자동차들은 석유나 가스를 태워 여기서 나오는 에너지로 움직이지. 이것이 공기 오염의 주범이라는 것은 모두 알고 있지? 이 공기 오염을 줄이고자 생각해 낸 것이 바로 태양광 자동차야. 우리나라에서도 서울 현대고등학교 학생들이 태양광 자동차를 만드는 데 성공했어.

태양광 자동차는 차의 몸체 위에 달린 태양전지판에서 만든 전기로 달린단다. 태양전지판으로 만든 전기로 움직이기 때문에 공기를 오염시키지 않고, 기름 값이 들지 않아. 그러나 전기를 저장하는 축전지의 무게가 상당히 무겁다는구나. 이 문제만 해결된다면 우리가 태양전지 자동차를 타고 달리는 날이 더 빨리 올 거야.

네덜란드 델프트 대학생들이 만든 태양에너지 자동차 '누나 2'가 2004년 8월 16일 아침, 스웨덴의 도로를 달렸지. 이 자동차는 1시간에 최고 170킬로미터까지 달릴 수 있는 세계에서 가장 빠른 태양광 자동차란다.

태양광 자동차들

태양전지판을 단 배도 있어. 아직 먼 거리를 가는 것은 어렵지만 가까운 곳을 다니는 데 쓰이고 있어.

스위스에 있는 솔라 임펄스 인 로잔 연구소 연구원들은 1인승 태양광 비행기를 개발하고 있어. 2010년에는 지구 여기 저기를 날아다닐 거래.

태양광 비행기

태양전지를 지붕에 얹는 기와로 만들 수도 있대. 이 태양전지 기와는 모양은 다른 기와와 똑같은데 투명한 유리로 만들어져 있어. 안쪽에는 검정색과 갈색과 은색 줄무늬의 막이 덮여 있고, 끝에는 짧은 전선 두 줄이 나와 있단다. 이 기와 한 장에서 약 2와트의 전력을 얻을 수 있다고 해.

태양전지 기와

⊕ 태양 건축

 태양 건축은 태양에너지만을 이용하는 건물을 짓는 것을 말해. 태양 건축에서는 겨울에 최대한 태양빛을 많이 받도록 남쪽 창을 크게 만들어. 그리고 태양열을 모을 수 있는 집열 장치를 설치해서 난방을 한단다. 여름에는 실내로 햇빛이 드는 것을 막기 위해 햇빛을 가리는 막을 치지. 더운 열과 차가운 공기가 빠져나가지 않게 단열을 철저히 하는 것도 중요해.

이렇게 지어진 건물로는 로키마운틴 연구소가 유명해. 이 연구소는 미국의 로키산맥에 세워졌는데, 로키산맥은 1년의 대부분이 겨울이고 -44도까지 내려가는 아주 추운 곳이지. 그런데 놀랍게도 건물 안은 바나나와 오렌지가 자랄 정도로 따뜻하단다. 다른 난방 장치 없이 태양열로만 이게 가능하다는 사실!

헬리오트로프

독일의 유명한 태양 건축가 롤프 디쉬가 건축사무소로 지은 헬리오트로프도 태양 건축으로 유명한 건물이야. 헬리오트로프란 '해를 따라간다'는 뜻으로 꽃 이름이기도 해. 이 건물은 회전하면서 해가 비치는 쪽으로 움직이게 되어 있거든. 태양에너지를 최대한 많이 받을 수 있도록 말이야. 해바라기처럼 해를 따라 도는 건물이라니 재미있지?

유럽에서는 패시브 하우스(제로 에너지 하우스)를 많이 짓는다고 해. 패시브 하우스는 바닥, 지붕, 벽, 창틀을 꼼꼼하게 단열하여 냉난방 에너지를 아주 적게 쓰도록 지어진 집을 말해.

패시브 하우스는 창문을 닫으면 외부와 공기가 통하지 않아. 그래서 낮에 햇빛에 데워진 실내 공기가 빠져나가지 못하지. 또 실내로 차가운 공기가 들어오면서 이슬이 생기는 것을 막기 위해 바깥의 차가운 공기가 땅속의 관을 지나도록 한대. 이때 차가운 공기가 땅속 온도와 같은 7도로 데워지지.

이렇게 데워진 공기는 열교환기로 들어와 실내 공기와 바뀐단다. 이때 들어오는 공기가 나가는 공기로부터 열을 흡수해 온도가 높아지기 때문에 난방 연료가 거의 들지 않아. 여름에 새로운 공기를 식히는 데도 마찬가지로 연료가 거의 안 들어가지.

태양광만을 에너지로 쓰는 패시브 하우스

충남 홍성 에너지전환 사무실 앞에 세워진 패시브 하우스

풍력 —바람도 에너지

풍력 - 바람도 에너지

바람도 훌륭한 에너지!
고마운 바람을 만나러 가 볼까?

⊕ 바람은 공기의 움직임

 밖으로 나가서 조용히 눈을 감고 팔을 벌리고 서 봐. 몸을 스치는 바람이 느껴질 거야. 아무리 맑은 날이라도 바람은 불고 있기 마련이야. 산에 들에, 강에 바다에 낮과 밤을 가리지 않고 늘 바람은 불고 있어. 가끔은 세차게, 가끔은 부드럽게. 높은 곳일수록 막힘이 없으니까 바람이 세게 불지.

 바람은 왜, 어떻게 생겨나는 걸까? 공기의 움직임 때문이란다. 땅 가까이에 있는 공기는 태양열과 복사열 때문에 따뜻하게 데워지지. 이렇게 데워진 공기는 가벼워져서 위로 올라가는 성질이 있어. 위로 올라간 공기는 온도가 내려가면서 무거워져서 다시 아래로 내려오게 돼.

 그런데 땅과 바다는 데워지고 식는 속도가 다르단다. 땅은 빨리 데워지

낮엔 바다에서 육지로 바람이 분다.

고 식지만 바다는 그렇지 않아. 그래서 낮에는 땅 위의 따뜻한 공기가 위로 올라가면 바다 위의 차가운 공기가 그 빈자리로 흘러들지. 밤이 되면 반대로 바다 위의 따뜻한 공기가 위로 올라가고 빨리 식혀진 땅 위의 차가운 공기가 그 빈자리를 채우는 거야.

우리 눈에 보이지는 않지만, 공기는 이처럼 끊임없이 상하좌우로 움직이고 있단다. 계절에 따라 지역에 따라 때로는 빠르게 때로는 느리게. 이 공기의 움직임이 바람이야.

사람들은 옛날부터 바람의 힘을 이용해 왔어. 연을 날리고 바람개비를 돌리는 놀이도 바람의 원리를 이용한 거야. 바람으로 바다 위를 달리는 돛단배도 있고. 더울 때 부치는 부채와 이걸 더 발전시킨 선풍기도 마찬가지지.

바람이 아주 많이 부는 네덜란드에서는 풍차를 만들었단다. 풍차는 큰 바람개비라고 생각하면 돼. 바람이 불어 커다란 날개가 돌아가면 그 힘으로 곡식을 찧는 거지. 풍차의 원리를 좀 더 발전시킨 것이 풍력발전기야.

손에 들고 다닐 수 있는 작은 것부터

네덜란드 풍차

날개 지름이 100미터나 되는 거대한 것까지 다양한 풍력발전기가 있단다.

독일에는 풍력발전기의 날개가 돌아가면서 그리는 원이 축구장 두 개만큼 큰 것도 있다고 해. 풍력발전기가 워낙 커서 헬리콥터를 타고 다니면서 수리를 한대. 발전기 꼭대기에 헬리콥터가 내릴 수 있는 헬기장이 있다고 해. 풍력발전기가 얼마나 큰지 짐작할 수 있겠지?

⊕ 바람의 힘으로 전기를 만든다

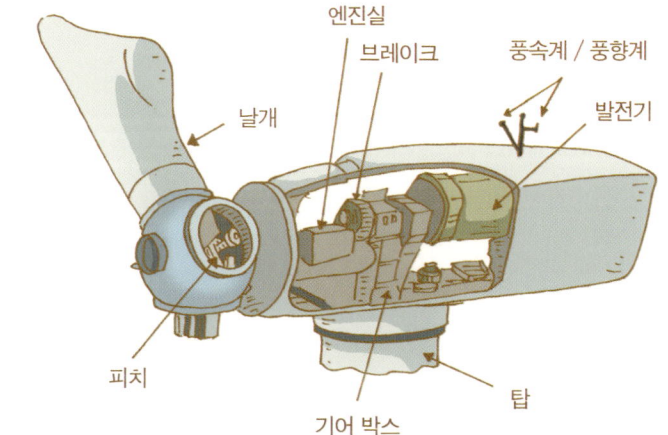

풍력발전기 안에 이런 장치들이 숨어 있다.

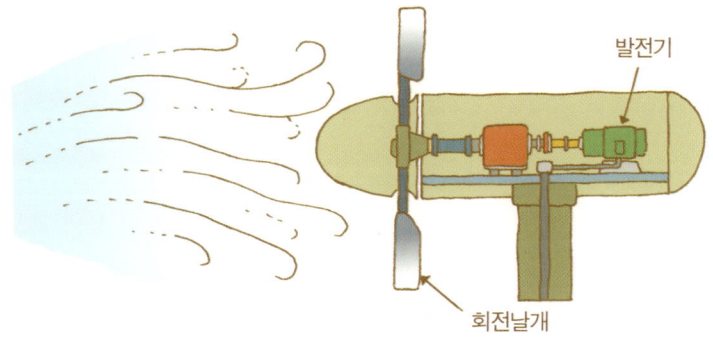

바람을 받아 회전날개가 돌면 이 힘을 전기로 바꾼다.

풍력발전을 하려면 우선 장소를 잘 골라야 해. 바람의 속도가 1초에 4미터 이상인 곳에 설치해야 어느 정도 쓸 수 있는 전기를 뽑아낼 수 있지. 그러니 바람이 늘 일정한 방향으로 세차게 불어오는 바닷가나 산꼭대기 같은 곳이 좋아.

풍력발전기의 원리는 간단해. 회전날개(기계장치)가 바람을 받아서 돌면, 그 힘을 받은 자석의 N극과 S극이 빠르게 왕복하지. 여기서 자기장이 생기면 전기가 만들어져. 이렇게 만든 전기를 모아서 필요한 사람들에게 보내는 거야.

풍력발전기는 날개의 회전축이 놓인 방향에 따라서 두 가지로 나뉜단다. 회전축이 땅과 나란히 놓인 것은 수평축 발전기, 땅에 수직으로 놓인 것은 수직축 발전기라고 해. 수직축 발전기는 바람의 힘을 전기로 바꾸는 능력이 떨어져 주로 수평축 발전기를 많이 쓰고 있어.

풍력발전기로 발전하면 1킬로와트의 전기를 만드는 데 보통 이산화탄소가 19그램, 이산화황이 0.01그램밖에 나오지 않아. 풍력발전은 깨끗한

｜｜ 여름에 태풍이 불면 날개가 부러지는 건 아닐까? ｜｜

바람이 세게 불면 날개가 부러지지 않을까? 풍력발전기가 쓰러지지 않을까? 정말 걱정된다고? 만약 태풍이 불어서 풍속이 초속 13~15미터보다 세지면 자동으로 날개가 바람이 부는 방향으로 고정된단다. 그러면 풍력발전기는 회전을 완전히 멈추지. 그러니 날개가 부러질 염려는 없어. 또 풍력발전기의 기둥은 아무리 센 태풍이 불어와도 끄떡없도록 콘크리트로 기초를 단단히 한단다. 그러니 너무 걱정하지 않아도 돼.

발전 방식이라고 할 수 있어. 바람은 늘 불어오니까 풍력발전기 수명이 다하지 않는 한 전기가 계속 만들어진단다.

⊕ 풍력발전의 선진국, 덴마크

풍력발전에 먼저 눈을 돌린 나라는 유럽의 나라들이야. 1980년대 초부터 화석에너지를 대체할 자원으로 바람의 힘을 눈여겨봤지. 특히 북해에서 바람이 사시사철 불어오는 덴마크는 풍력발전을 가장 먼저 시작했고, 발전기를 가장 많이 세운 나라야. 덴마크는 이미 2005년에 덴마크 사람들이 쓰는 전체 전기량 중에 20%가 넘는 전기를 풍력발전으로 생산했어. 원자력발전을 하지 않는 대신 설치하는 데 돈이 많이 들기는 하지만 안전한 풍력발전을 택한 거지.

독일, 영국, 벨기에, 네덜란드도 풍력발전으로 많은 전기를 얻고 있어. 아시아와 아메리카의 여러 나라도 계속 기술을 개발하고 있단다.

일본 오키나와현 미야코지마섬. 이 섬에서는 풍력발전, 태양광발전으로 5만 명의 인구가 필요로 하는 전기의 약 30%를 만들어 내고 있다.

3천여 개의 풍력발전기가 장관을 이루고 있는 미국 캘리포니아 주 샌고고니오 협곡. 세계에서 풍력발전기가 가장 많이 모여 있는 곳이다.

전 세계에는 6만여 개가 넘는 풍력발전기의 날개가 돌아가고 있어. 해마다 엄청난 수로 늘고 있지. 지금은 전 세계에서 쓰는 전기 중에 풍력발전으로 만들어 낸 전기는 1%도 안되지만, 2020년쯤 되면 12% 정도로 늘어날 거라고 해.

⊕ 우리나라의 풍력발전

우리나라는 삼면이 바다라 풍력발전을 하기에 더없이 좋은 조건을 갖추고 있어. 산간 지역에도 바람이 강한 곳이 많고. 이러한 지역에 풍력발전기를 세우면 많은 양의 전기를 얻을 수 있겠지?

우리나라도 1980년대 말부터 풍력발전을 연구했단다. 그리고 90년대 초부터 풍력발전기를 만들기 시작했지. 지금은 전북 새만금, 경북 영덕, 제주 행원과 한경, 강원 대관령 같은 곳에 풍력발전 단지를 세워 전기를 만들고 있어.

이 중에서 제주 행원 풍력발전 단지가 가장 크단다. 바람이 많이 부는 제주도에서 풍력발전은 대안에너지로 제격이지. 행원리 바닷가에 세워진 발전기 15기에서 지난해에만 7~8천 가구가 1년 동안 사용할 수 있는 전기를 만들어 냈다고 해.

경북 영덕과 강원 대관령 고개를 지나가다 보면 산꼭대기에 하얀색 날개 달린 기둥들이 크게 솟은 걸 볼 수 있어. 기둥은 키가 80미터, 꼭대기에 달린 날개 하나의 길이만 40미터가 넘지. 이 기둥이 바로 전기를 만드

새만금 풍력발전소

영덕 풍력발전소

서울 상암동 하늘공원 풍력발전소

제주 행원 풍력발전소

대관령 풍력발전소

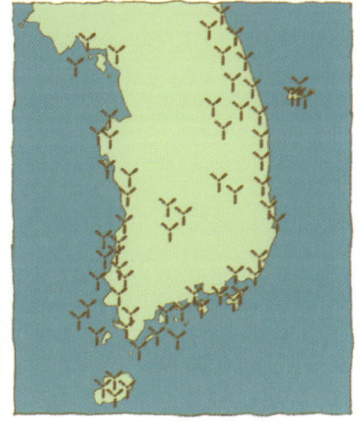
풍력발전기가 세워질 만한 곳들

풍력-바람도 에너지

는 풍력발전기야.

 하지만 아직은 풍력발전기가 만들어 내는 전기의 양은 화석에너지 발전소가 만들어 내는 전기의 양에 비해 턱없이 적단다. 그렇다고 풍력발전기만 막무가내로 세울 수도 없어. 원자력발전소 하나에서 나오는 전기를 만들려면 여의도보다 세 배쯤은 넓은 곳에 풍력발전기를 가득 세워야 하거든. 물론 풍력발전기가 서 있는 공간을 제외하고는 다른 용도로 쓸 수 있지만 말이야. 여기에 드는 돈도 문제이지만, 깨끗한 에너지를 쓰려다 오히려 환경을 해칠 수 있다는 게 더 큰 문제야.

⊕ 바람을 에너지로 만드는 방법들

 이렇게 풍력발전에도 문제가 있단다. 바람이 센 산꼭대기에 세우려면 도로를 내고 설치해야 하는데, 산림을 해치고 새들이 날아가다가 부딪힌 수도 있어. 또 한꺼번에 많은 발전기가 돌아가면서 내는 소음도 꽤 크단다. 게다가 전자파가 생길 수도 있다고 해.

 그래서 생각해 낸 게 바로 해상 풍력발전이야. 풍력발전을 하는 데는 사실 땅보다 바다가 더 좋아. 장애물이 없으니 바람이 멎는 일이 없어 계속 전기가 만들어지거든. 덴마크, 네덜란드,

해상 풍력발전소

영국, 미국, 일본 같은 나라는 이미 해상 풍력발전소를 세워서 전기를 만들고 있거나 더 많이 세우려고 준비하고 있어. 땅이 좁은 우리나라도 최근에는 해상 풍력발전에 관심을 기울이고 있다고 해.

바람은 높은 곳일수록 세게 불지. 그래서 생각해 낸 게 비행선 풍력발전이야. 비행선 풍력발전은 선풍기를 생각하면 돼. 먼저 300미터 이상 되는 높은 곳에 헬륨가스를 넣은 비행선을 띄우는 거야. 그러면 거센 바람으로 비행선 안에 설치된 회전날개가 돌면서 전기를 만들지. 연결된 줄을 통해 만들어진 전기를 땅으로 전달하고.

비행선 풍력발전은 장점이 많아. 무엇보다 바람이 육지나 바다와는 견줄 수 없을 만큼 강하고 일정하다는 거야. 또 땅에 세우는 풍력발전기처럼 환경을 해친다거나 소음을 일으킬 염려도 없지. 간단한 전선 하나로 전기

비행선 풍력발전

를 전달할 수 있으니까 송전탑을 세우지 않아도 되고 돈을 절약할 수 있어. 비행선 풍력발전 역시 세계 여러 나라에서 앞 다투어 기술을 개발하고 있으니 조만간 그 결과를 볼 수 있을 거야. 비행선의 안전 문제나 그림자로 인한 피해 문제 등도 깊이 있게 연구되어야 하겠지.

대규모 발전 시설이 아니라도 우리 생활의 작은 부분에 풍력발전을 이

용하는 방법도 연구되고 있단다.

이 건물은 바레인의 수도 마나마에 세워진 세계무역센터 쌍둥이 빌딩이야. 50층으로 높이가 240미터인 이 두 빌딩 사이에 풍력발전 시설을 설치했어. 건물 사이를 지나는 바람을 이용해서 건물에 필요한 전기의 15%를 생산한대.

바레인 세계무역센터

연을 매달아 바람에너지를 이용해 연료를 아끼는 화물선도 있단다. 하늘 높이 떠 있는 연이 바람에너지로 배를 끌어 주거든. 이 연을 달면 연료비를 15~20% 정도 줄일 수 있대. 연 값이 비싸서(6억~31억 원) 문제이기

화물선을 끄는 연

는 하지만, 오래 사용하면 연료비 절약으로 그 비용은 뽑고도 남는다는구나. 무엇보다 온실가스를 줄일 수 있어서 좋을 것 같지?

바이오매스 에너지 - 찌꺼기도 다시 보자

나무, 풀, 농작물 찌꺼기, 가축과 사람의 똥오줌,
음식 쓰레기도 에너지래.

⊕ 찌꺼기는 귀한 에너지

바이오매스가 뭐냐고? 나무, 풀, 농작물 찌꺼기, 가축의 똥오줌, 사람의 똥오줌, 음식 쓰레기와 같은 생물자원을 일컫는 말이야. 이 생물자원들을 에너지로 이용할 수 있다니 뜻밖이라고?

그러나 하나도 새로울 게 없단다. 농촌에서는 예전부터 나무나 농작물 찌꺼기로 불을 때며 에너지로 이용하고 있거든. 가축의 똥오줌, 사람의 똥오줌은 지금도 소중한 거름이 되고 있어. 이 똥오줌에 풀과 농작물 찌꺼기를 섞어 충분히 발효시키면 양분 많은 퇴비가 된단다.

인도와 아프리카에서는 지금도 소똥을 말려서 연료로 쓰고 있어. 소똥을 잘 개어서 납작하게 빈대떡처럼 빚어. 그런 다음 담벼락에 찰싹 붙이거나 언덕에 널어놓고 말리지. 이렇게 말린 똥으로 불을 때면 연기도 나지 않고 불도 아주 세단다. 너무 더럽다고? 그 나라에서는 얼마나 귀하게 여기는 땔감인데 그래?

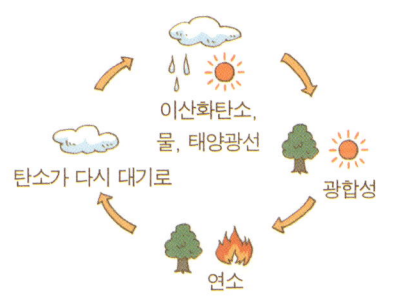

바이오매스 순환 과정

⊕ 세계의 바이오매스 에너지

나무 부스러기로 만드는 연료

덴마크, 오스트리아, 스웨덴은 나무 부스러기로 목재 펠릿 같은 바이오매스를 개발해서 아주 많은 에너지를 얻고 있어. 덴마크에서는 짚과 나무 부스러기에서 전체 에너지의 5%를 얻고, 오스트리아와 스웨덴은 나무 부스러기를 에너지원으로 이용해서 전체 에너지의 10% 이상을 얻고 있단다.

손으로 찍어 먹는 연료

바이오매스에서는 메탄올, 에탄올, 바이오디젤과 같은 액체연료와 메탄 같은 기체연료를 얻을 수 있어. 곡물이나 식물을 액체나 기체로 만들어서 에너지로 쓰는 거야. 최근에는 유채기름, 콩기름, 못 쓰는 식물성기름을 바이오디젤로 만들어 디젤 자동차의 연료나 난방용 연료로 쓰고 있어. 이런 바이오디젤을 연료로 사용하는 자동차를 타면 감자튀김 냄새도 나고, 소시지 굽는 냄새도 난다는구나. 독일에서는 실제로 바이오디젤을 손으로 찍어 먹기도 한대.

바이오디젤로 움직이는 이 버스를 타면 무슨 냄새가 날까?

자동차 연료가 되는 곡물

브라질에서는 사탕수수를 발효시켜서 에탄올로 바꾸어 석유 대신 자동차의 연료로 쓴다는구나. 미국에서는 점점 더 옥수수로 만든 에탄올을 많이 쓰게 되니까 옥수수 가격이 오르고 있대. 또 일본에서는 사케

사탕수수를 키우려고 점점 더 많은 나무를 베어 내고 있다.

(술)를 자동차 연료로 만드는 데 성공했다고 해. 사람들이 먹어야 할 양식을 자동차를 움직이는 연료로 사용해야 한다면 모자라는 식량은 어떻게 해결할지 걱정이구나.

문제는 그뿐 아니야. 사탕수수를 대규모로 경작하게 되면서 환경이 파괴되고 있어. 점점 더 많은 사탕수수를 키우려고 하니까 땅이 모자라게 되었지. 그래서 나무를 베어 내기 시작했어. 나무들이 베어져 없어지니까 이산화탄소는 늘어나고 산소는 줄어들었지. 또 사탕수수 발효 공장에서 나오는 폐수가 강과 땅을 오염시키는 것도 문제란다.

우리나라에서는 노는 땅에 갈대 같은 다년생 식물을 길러서 에너지로 이용할 수 있다는구나. 갈대와 같은 식물은 공기에 있는 이산화탄소를 흡수하여 잘 자라기 때문에 경작량을 조절하기도 편리하단다. 뿌리가 강해서 토양의 소실도 막을 수 있다니 좋은 바이오매스야.

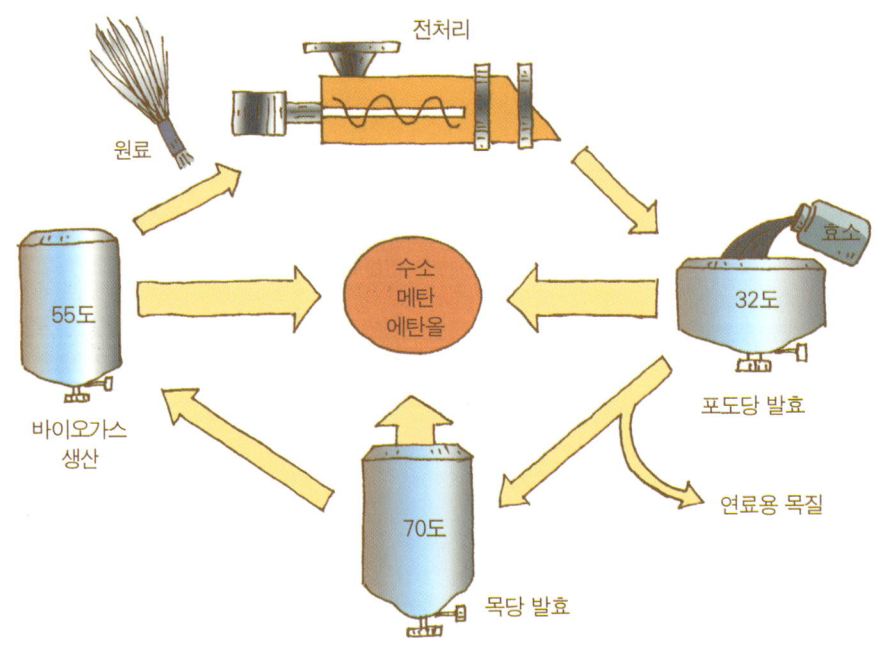

짚으로 바이오 에탄올 만들기

똥과 오줌과 음식 찌꺼기

가축 분뇨와 음식 찌꺼기를 분해하면 연료로 쓸 수 있는 메탄가스가 나온단다. 여기서 나온 메탄가스로 발전기를 돌려 전기를 얻고 그 열로 난방을 하면 가축의 분뇨와 음식 찌꺼기도 훌륭한 에너지 자원이 되지. 그리고 남은 찌꺼기는 질 좋은 퇴비가 되니 일석삼

가축의 똥과 음식 찌꺼기는 에너지도 되고 좋은 퇴비가 된다.

조인 셈이지. 아니야, 하나 더 있어. 가축 분뇨가 강물을 오염시키는 것을 막고, 음식 쓰레기가 악취를 풍기고 땅과 물을 오염시키는 것까지 막을 수 있다고 하니 일석오조쯤 되겠네.

독일의 프라이부르크라는 도시에서는 음식 쓰레기를 모두 모아서 분해해 가스를 만들어 낸 뒤, 이것으로 열병합발전기를 돌려서 전기와 열을 만든단다. 약 2천 가구가 여기서 만들어진 전기를 쓰고 있대.

가축들이 뀌는 방귀도 에너지로 이용할 수 있을까?

영국에서는 가축의 트림과 방귀를 줄임으로써 환경을 지킬 수 있는 백신을 개발했대. 가축들이 내뿜는 메탄가스는 지구에서 발생하는 전체 메탄가스의 20%를 차지한다고 해. 소떼와 양떼가 내뿜는 메탄가스는 특히 호주와 뉴질랜드에서는 골칫거리라네. 메탄가스 발생량의 80%를 차지하기 때문이래.

메탄가스는 같은 양의 이산화탄소와 비교할 때 온실효과가 23배 높단다. 그럼 가축들이 내뿜는 메탄가스를 모아서 발전소를 세우면 된다고? 방목하는 가축들의 항문에 가스 저장 장치를 달아야 하는데, 그게 가능할까?

캥거루가 뀌는 방귀에는 메탄가스가 전혀 없다는 사실이 최근에 밝혀졌대. 캥거루의 위장에 사는 특수 박테리아가 소화를 잘 시켜서 같은 먹이를 먹고도 소나 양보다 10~15% 더 많은 에너지를 얻기 때문이래. 그래서 호주의 과학자들이 소와 양의 위장에 이 특수 박테리아를 넣어 친환경 방귀를 뀌게 하는 연구를 하고 있다는구나.

소수력 - 흐르는 물에서 얻는 에너지

계곡의 흐르는 물로 수차를 돌려 전기를 만드는 소수력 발전,
그 현장으로 떠나 볼까?

옛날부터 사람들은 물의 힘을 이용했어. 물레방아가 바로 그 대표적인 예이지. 흐르는 물이 바퀴를 돌리면 그 힘으로 곡식을 찧는 게 물레방아거든. 멈춰버린 옛날의 물레방아를 다시 돌리려는 사람들이 있어. 계곡을 흐르는 물로 물레방아를 돌려 전기를 만들려고 말이야. 전기를 끌어오기 힘든 산간 지방에서 이용하면 정말 편리하겠지?

소금을 만드는 염전의 수차

우리나라의 물레방아

⊕ 고마운 댐

소양강댐, 팔당댐, 충주댐에서 떨어지는 거대한 물줄기를 본 적 있니? 이런 댐들은 홍수나 가뭄에 대비해서 물을 가두었다가 농사짓는 데 필요한 곳에 물을 보내 주지. 또 높은 곳에 있는 물이 아래로 떨어지는 힘을 이용해 수차를 돌리고, 수차에 연결되어 있는 발전기로 전기를 만들어.

댐의 원리는 개울에서 돌로 옆을 막아서 물길을 좁게 만들어 수차를 돌리는 원리랑 같아. 이렇게 물에너지를 이용해 전기를 만드는 걸 수력발전이라고 해.

다목적 댐

댐에서 흐르는 물은 커다란 달팽이집 같이 생긴 두꺼운 강철 관으로 들어간단다. 어른이 서서 지나갈 정도의 것부터 집채만 한 것까지 크기가 다양하지. 물이 구부러진 달팽이관 속으로 들어가면 힘차게 흐르면서 터빈 바퀴의 물받이 판에 부딪히지. 이 힘으로 바퀴가 움직이면서 강철 축을 돌려 전기를 만드는 거야.

거대한 댐들은 물을 가두어서 홍수를 막아 주고, 필요할 때 쓸 수 있게 해 주고, 전기를 만들어 주는 좋은 일을 한단다. 하지만 환경단체에서는 댐을 만드는 일에 반대하고 있어. 댐이 물을 가두어 물의 흐름을 느리게 해서 강의 본디 모습을 잃게 만들기 때문이래. 댐은 연어처럼 바다로 갔다가 다시 돌아오는 물고기의 길을 막지. 또 크고 작은 강에서 물고기와 수생생물들을 더 이상 볼 수 없게 된 데에는 댐의 영향이 크다고 해. 댐은 주변 지역에 안개가 자주 끼게 하여 날씨에도 좋지 않은 영향을 끼친다는구나.

⊕ 흐르는 물에서 얻는 착한 에너지

이렇게 자연을 해치는 큰 댐을 무작정 만들 수는 없지. 그렇다고 물에너지를 아예 포기할 수도 없고. 어쩌면 좋을까?

그래서 생각해 낸 게 바로 소수력발전이야. 소수력발전의 원리는 댐과 비슷해. 관을 설치해서 관 속으로 물을 통과시켜 흐르는 물의 힘으로 터빈을 돌린단다. 흐르는 물로 바로 터빈을 돌려 전기를 만들기도 해. 소수력발전은 대규모 수력발전에 비해 전기 생산량은 적지만 대형 댐을 건설할 필요가 없으니 그만큼 자연에 무리가 가지 않고, 시간과 돈이 적게 들어. 게다가 이미 지어져 있는 댐에서도 소수력발전 시설을 곁들여 갖출 수도 있어.

소수력발전은 생산하는 전기량이 많지 않아 근처 지역에 필요한 전기를 공급하는 데 좋아. 먼 곳까지 전기를 보내지 않아도 되니까 전선망이 필요가 없어서 돈이 적게 든단다.

여러 가지 소수력발전기

바닷물에서 얻는 **해양에너지**

바다에도 에너지가 있다는 사실!
파도의 힘, 흐르는 바닷물의 힘, 온도 차의 힘으로 전기를 만들 수 있대.

바닷물은 하루에 두 번씩 밀려갔다가 밀려와. 바닷물이 밀려와 차오르는 걸 밀물, 바닷물이 빠져나가는 걸 썰물이라고 해. 우리나라 서해안 같은 바다에서는 바닷물이 빠져나갔다가 들어차는 걸 또렷이 볼 수 있지.

이런 밀물과 썰물을 이용해 전기를 만들어 내는 것을 조력발전이라 한단다. 강과 바다가 이어진 곳이나 만을 방조제로 막고 거기에 터빈을 설치하는 거지. 그러면 수력발전에서처럼 밀물과 썰물에 따라 터빈이 돌아가서 전기를 만들어 낸단다.

하지만 조력발전에는 문제가 있어. 바닷물이 지나가는 길을 댐으로 막아야 하기 때문에 바닷물의 흐름에 큰 영향을 끼치고 주변 환경을 망가뜨리기 쉽다는 거야. 그래서 조력발전소를 짓는 데 아주 조심하고 있어.

⊕ 죽음의 바다 시화호 살리기

우리나라는 방조제로 바닷물을 막아 호수가 되어 버린 시화호에 조력발전소를 세울 계획이라고 해. 이게 완공되면 세계에서 가장 큰 조력발전소가 된다는구나.

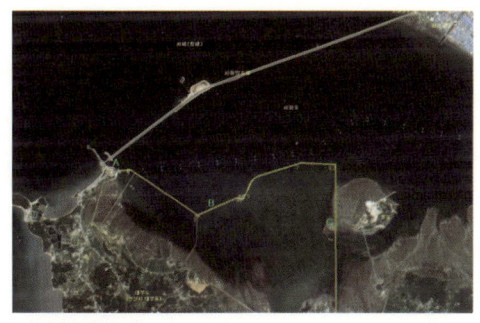

시화호 방조제

시화호는 방조제로 바닷물을 막은 순간부터 죽음의 바다가 되어 버린 곳이야. 그렇다고 방조제를 다시 없애는 것도 쉽지 않은 일이지. 그래서 생각해 낸 게 바로 조력발전소야.

이 애물단지 방조제 사이에 구멍을 뚫어서 물이 자유롭게 흐르게 하고 거기에 터빈을 달아 조력발전을 하는 거지. 방조제를 세우기 전과는 견줄 수 없겠지만, 아주 막혀 있는 것보다는 바닷물이 조금씩 드나드는 게 시화호가 살아나는 데 도움이 되겠지.

⊕ 환경을 해치지 않고 해양에너지 이용하는 법

환경을 해치지 않으면서 바닷물을 이용해 전기를 만드는 방법은 없을까? 과학자들은 조류발전, 파력발전, 온도차발전 같은 대안을 찾아냈어. 조류발전은 빠르게 흐르는 바닷물의 흐름을, 파력발전은 파도의 힘을, 온도차발전은 바다 깊이에 따른 바닷물의 온도 차를 이용해 전기를 만드는 방법이란다.

조류발전은 이순신 장군의 지혜를 생각하면 쉽게 이해할 수 있을 거야. 이순신 장군이 진도 바닷가 울돌목에서 바닷물이 빠르게 흐르는 걸 이용

울돌목에 짓고 있는 조류발전소 조감도와 구조물

해서 왜군을 물리쳤잖아. 조류발전은 이렇게 바닷물이 빠르게 흐르는 곳 밑바닥에 기둥을 세우고 그 위에 발전용 터빈을 설치하여 전기를 만들어 내는 것이란다. 현재 울돌목에 조류발전기를 시범적으로 운영하고 있지. 그런데 사람들이 버린 쓰레기가 바닷속 터빈을 망가뜨려서 걱정이 이만 저만이 아니래.

파력발전은 파도의 힘이 센 곳에서 해야겠지? 2009년 제주도 앞바다 차귀도에 파력발전 시설을 설치하여 사용이 가능할지 연구할 거라고 해.

파력발전기

온도차발전은 해수면과 깊은 바다의 온도 차를 이용해 저온에서 끓는 암모니아와 프레온을 끓여 얻은 증기로 터빈을 돌려 전기를 생산하는 방식이야. 이산화탄소 같은 유해 물질이 발생하지 않는 깨끗한 방법이란다.

미국, 일본 등 많은 나라들이 해수 온도차발전소를 세워서 전력을 생산하고 있어. 우리나라는 동해 남쪽이 바다 표면과 심해의 온도 차가 꽤 크다고 해. 하지만 아직은 온도차발전소를 만들 계획은 없다는구나.

쓰고 또 쓰는 **재생에너지**

두고 두고 쓸 수 있는 에너지, 더 없을까?

⊕ 땅속의 에너지, 지열

땅속은 아주 뜨겁단다. 땅속 깊은 곳에 있는 방사성 동위원소들이 붕괴되면서 계속 열을 내어 암석을 녹이기 때문이야. 지구 중심부의 온도는 4000도에 이른다고 해. 이렇게 땅속에 녹아 있는 마그마가 지각이 얇은 곳으로 분출하는 것이 화산 폭발이야. 또 땅속에서 뜨거워진 물이 땅 밖으로 나오면 노천 온천이 되지. 그래서 화산활동이 활발한 일본과 하와이, 아이슬란드에 노천 온천이 많단다.

2004년 미국의 세인트헬렌즈산이 증기와 함께 화산재를 하늘로 내뿜는 장면. 세인트헬렌즈산은 지난 1980년에 폭발한 적 있다.

또 태양열의 약 50%가 지표면을 통해 지하에 저장된대. 이렇게 태양열을 흡수한 땅속의 온도는 지형에 따라 달라. 지표면에서 가까운 곳의 온도는 약 10~20도 정도로 1년 내내 큰 변화가 없어. 그러나 지하로 수 킬로미터 내려가면 온도는 40~100도 이상으로 높아지지. 땅속 깊이 들어가면 갈수록 점점 온도가 높아진단다. 이 땅속의 에너지, 지열로 난방과 냉방을 하고, 전기도 만들어 낼 수 있어.

> **우리 조상들은 어떻게 지열을 이용했을까?**
>
> 가을에 김장을 하면 땅속에 김장독을 묻었단다. 땅에 김장독을 묻으면 얼지 않고, 적당히 익어서 맛있는 김치를 봄까지 먹을 수 있거든. 감자, 무, 밤, 생강도 땅속에 묻어서 저장했단다. 또 여름에 냉장고가 없던 시절에는 수박을 매달아서 우물에 담갔다가 시원하게 먹었어. 요즘도 젓갈 회사에서는 대량으로 젓갈을 담아서 통에 담아 땅속 굴에서 숙성시킨다고 해. 땅속 온도가 일정하기 때문에 젓갈이 맛있게 숙성되기 때문이래.

⊕ 물에서 얻는 또 하나의 에너지, 수소 연료전지

버스가 정류장으로 들어오고 있어. 버스 문에는 커다란 글씨로 H_2O라고 물을 나타내는 분자 기호가 씌어 있고. 버스가 서고 출입문이 양 으로 열리면 글자가 H_2와 O로 나뉘어져. 물을 분해하면 수소 원자 두 개와 산소 원자 한 개로 쪼개진다는 것을 보여 주고 있지. 바로 이 버스가 2003년부터 아이슬란드의 수도 레이캬비크 시내에서 수소 연료전지로 달리는 수소 버스란다.

아이슬란드는 풍부한 지열을 이용해 전기를 만들어 내고, 그 전기로 다시 물을 분해해 수소를 만들어 버스 연료로 쓰고 있어.

아이슬란드에서 운행 중인 수소 버스

베를린에는 수소가스를 넣을 수 있는 수소가스 충전기가 있대. 베를린 시내에는 승용차와 시에서 운영하는 버스를 포함해 수소 연료전지 자동차 16대가 다니고 있다고 해.

2005년 서울 국제 자동차 모터쇼에서도 수소 연료전지로 가는 경주용 자동차가 전시되었어. 멋진 몸체에 '클린 에너지'라고 쓰고서 말이야. 모두들 수소 연료전지 자동차를 구경하느라고 자리를 뜨지 않더구나.

수소 연료 자동차

아직 수소 연료전지를 쓰는 차가 많이 만들어지고 있지는 않아. 액화수소 충전 비용이 비싸서 수소 연료 차량을 많은 사람들이 사용하긴 아직 어렵대. 우선 연료가 싸져야겠지?

또 수소는 자연상태에 거의 없기 때문에 만들어야 한단다. 수소 생산에 상당한 에너지가 필요하다는 문제점도 있지.

⊕ 인공 태양을 만든다, 핵융합에너지

사람이 태양을 만들 수 있다는 거 알아? 핵융합에너지를 이용하면 만들 수 있단다. 핵융합에너지는 태양이 일으키는 핵융합 반응을 인공으로 일으킬 수 있거든.

태양의 중심부는 초고온이기 때문에 수소는 원자핵과 전자가 분리된 플라즈마 상태로 날아다니고 있어. 이런 플라즈마 상태에서 수소 원자핵 4개가 결합해서 헬륨 원자 1개를 만드는 것을 핵융합 반응이라고 해.

이때 핵융합 반응으로 만들어진 헬륨의 무게는 수소 원자핵 4개의 무게보다 더 가볍단다. 헬륨 원자가 가벼워진 만큼 에너지가 나오기 때문이야. 그 에너지는 엄청나서 수소

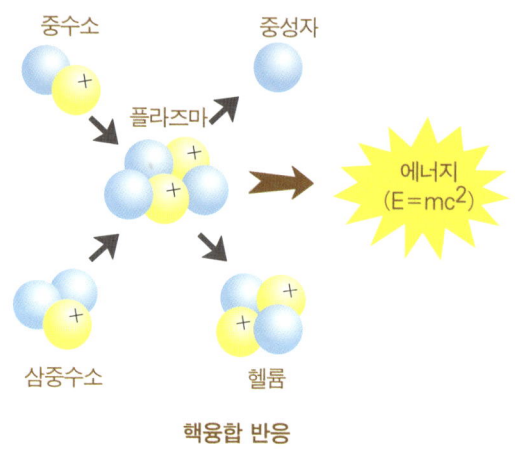

핵융합 반응

1톤이 핵융합 반응을 일으켜 헬륨으로 될 때 석탄 3천만 톤을 한 번에 태우는 양과 같은 에너지가 만들어진다고 해. 그래서 핵분열을 이용한 핵폭탄보다 핵융합 반응을 이용한 수소폭탄의 파괴력이 더 크단다.

태양에서는 지금 이 순간에도 매초 7억 톤의 수소가 헬륨으로 변하고 있어. 수소로 이루어진 태양 중심부는 지난 45억 년 동안 약 절반이 헬륨으로 바뀌었지. 앞으로 약 50억 년간 수소 핵융합 반응을 계속하면서 우리에게 에너지를 줄 거야.

핵융합 반응에 쓰이는 중수소와 삼중수소의 원자핵을 서로 합치려면 1억 도 이상의 고온이 필요하다고 해. 중수소와 삼중수소가 태양처럼 플라즈마가 되려면 온도가 이

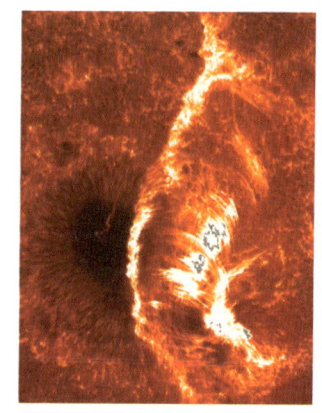

플라즈마 상태의 태양

정도는 높아야 하기 때문이야.

1968년 구소련에서 처음으로 이 플라즈마를 100분의 1초 이상 가두는 '토카막' 장치를 개발했어. 플라즈마는 다루기가 매우 까다로워서 현재까지도 수 초 동안 가둘 수 있는 게 고작이라고 해.

우리나라에서도 연구를 거듭하여 1995년부터 플라즈마를 가두어 두는 차세대 초전도 핵융합연구장치(KSTAR)를 만들려고 노력해 왔어. 지난 2008년 6월 13일, 세계 최초로 초전도자석을 적용한 토카막형 장치로 플라즈마를 만드는 데 성공해 세계의 주목을 받았지. 벌써부터 세계에서 KSTAR의 우수성을 인정받고 있다니 무척 기쁘단다. 하지만 실생활에 쓰이기까지는 엄청난 돈과 시간이 더 들어가야 된대.

핵융합 장치, KSTAR

북극곰 살리기

나는 북극곰을 몇 마리나 살릴 수 있을까?

 북극곰 고미를 북극에 돌려보내기 전에 시작했던 기나긴 에너지 여행이 이제 끝이 났어. 우리가 매일매일 사용하는 에너지가 지구 환경에 큰 영향을 끼치니까, 에너지를 알아보는 것만으로도 엄청난 일을 한 셈이야. 하지만 북극곰 고미를 돌려보내기 위해서 여전히 해결해야 할 숙제가 많이 남아 있단다.

 지금 북극의 얼음이 녹아내리고 있다는 얘기는 에너지 여행을 떠나기 전에 만화로 보았지? 지구의 기온이 올라 북극의 얼음이 녹아내리면, 북극곰은 살 곳을 잃고 사냥도 잘 못해서 굶어 죽게 돼. 이대로 가다가는 북극에 사는 야생 북극곰은 100년 안에 아예 멸종할 거라고 해. 북극에서 눈처럼 하얀 털이 복슬복슬한 북극곰이 사라진다니 정말 슬픈 일이지. 얼마 전 미국에서는 북극곰을 멸종 위기에 처한 동물로 정하고 보호하기로 했단다.

우리도 북극곰이 고향 북극에서 행복하게 살 수 있도록 생활 속에서 실천할 수 있는 일이 있단다. 옆의 질문들을 잘 봐. 녹색 네모 칸에 맞게 생활할수록 북극곰을 살리는 데 도움이 될 거야. 모두 함께 북극곰을 구하기 위해 노력해 보자!

나는 어떨까요?

01 양치질할 때
- 🟩 컵에 물을 받아서 한다.
- ☐ 수돗물을 틀어 놓고 한다.

02 목욕할 때
- 🟩 샤워기로 목욕한다.
- ☐ 욕조에 물을 받아서 목욕한다.

03 방을 비울 때
- 🟩 꼭 전등을 끄고 나온다.
- ☐ 어두운 게 싫어서 끄지 않는다.

04 텔레비전을 볼 때
- 🟩 꼭 봐야 할 프로그램을 정해서 본다.
- ☐ 채널을 마구 돌리고 소리는 크게 해 놓는다.

05 텔레비전 보고 난 뒤, 컴퓨터 하고 난 뒤, 충전 하고 난 뒤
- 🟩 꼭 플러그를 뽑는다.
- ☐ 또 쓸 거니까 플러그를 뽑지 않는다.

06 겨울에 추울 때
- 🟩 난방을 줄이고 내복을 입는다.
- ☐ 난방을 많이 틀어 놓고 반팔 옷을 입는다.

07 가까운 곳에 갈 때
- 🟩 걷거나 자전거를 탄다.
- ☐ 자동차를 탄다.

08 연필, 공책, 지우개와 같은 문구류를 쓸 때
- 🟩 끝까지 다 쓴 뒤 새 것을 쓴다.
- ☐ 다 쓰지 않아도 싫증 나거나 마음에 안 들면 버린다.

엄마 아빠는 어떨까요?

01 설거지할 때나 수돗물을 쓸 때,
- 🟩 물을 받아서 씻는다.
- ☐ 물을 계속 틀어 놓고 쓴다.

02 운전할 때
- 🟩 경제속도를 지킨다.
- ☐ 차가 안 밀리면 맘껏 속도를 낸다.

03 음식을 할 때
- 🟩 조금 준비해서 한 번에 다 먹는다.
- ☐ 많이 준비해서 버릴 때가 많다.

04 더운 여름날에
- 🟩 되도록 에어컨을 틀지 않고, 선풍기로 여름을 난다.
- ☐ 더운 것은 참을 수 없어서 실내 온도를 25도 밑으로 맞추고 시원하게 지낸다.

05 빨래를 한 뒤
- 🟩 탁탁 털어 주름을 펴서 말린 후 꼭 필요한 옷만 다림질한다.
- ☐ 다림질을 자주하며, 전기 사용량이 많은 시간에 한다.

06 세탁기를 쓸 때
- 🟩 옷을 모았다가 한꺼번에 세탁한다.
- ☐ 세탁물이 나올 때마다 바로 세탁한다.

07 에너지 가계부
- 🟩 에너지를 얼마나 쓰고 있는지 가계부를 쓰고 있다.
- ☐ 에너지 가계부를 쓰지 않고 요금이 나오는 대로 낸다.

08 에너지 절약 마크
- 🟩 우리 집에 있는 전자 제품은 거의 에너지 절약 마크가 표시되어 있다.
- ☐ 에너지 절약 마크가 없는 제품이 많다.

에너지 절약 홍보대사 위촉장

귀하는 열심히 에너지를 절약하여
다른 어린이들에게 모범을 보였으므로
에너지 절약 홍보대사로 위촉합니다.

에너지 절약 홍보대장

에너지 여행을 마치며

    태양, 바람, 공기, 물은 늘 우리 주위에 있어서 인간들이 살아가게 합니다.
    이들 가운데 어느 하나가 갑자기 사라진다면 인간들은 순식간에 이 지구에서 사라질 것입니다. 그러나 늘 가까이 있어서 손쉽게 얻을 수 있기에 귀한 줄 모르고 살아갑니다.
    에너지도 마찬가지입니다. 에너지는 우리 주위에서 묵묵히 제 할 일을 하여 현대인들을 살아가게 합니다. 하지만 사람들은 에너지가 귀한 줄 모르고 너무 낭비하고 있습니다.
    석유로 달리는 자동차와 비행기, 전기로 달리는 전철과 고속철, 건물을 따뜻하게 하거나 시원하게 만들기, 이 모든 것을 가능하게 하는 것이 에너지입니다. 현대 문명 속에서 살아가는 우리는 에너지에 의존해 살아갑니다. 에너지가 없으면 우리는 옴짝달싹 못할 것입니다. 깜깜한 암흑 속에서 최후를 맞이할 날만을 기다리고 있어야 할지도 모릅니다.
    그래서 '전기를 절약해야 된다. 에너지를 절약해야 된다.' 이런 말들을 많이 하는가 봅니다. 하지만 왜 절약을 해야 하는지 그 진정한 까닭은 뒤에 숨어 있어 잘 드러나지 않습니다. 그러니 이런 말들이 겉으로만 헛도는 느낌이 듭니다. 화석연료를 마구마구 사용해 지구의 기온이 올라가자 사람들은 지구온난화 때문에 큰일 났다고, 기후변화로 지구촌이 위험하다고 난리를 피웁니다. 하지만 현대 문명을 이끌어 온 에너지에 대해서는 잘 모릅니다.

저는 우리가 사용하는 에너지가 사람에게 오기까지의 험난한 과정과 에너지 때문에 생기는 여러 문제들을 살피면서 어린이에게 좀 더 깊이 있게 현실을 알려야겠다고 마음먹었습니다. 온실가스를 많이 뿜어내며 언젠가는 바닥이 날 에너지자원과 원자력에너지, 재생에너지 자원을 소개하고, 미래의 에너지를 알리고 싶었습니다. 그래서 멀고 먼 옛날로 거슬러 올라가서 화석연료가 만들어지는 과정을 살피고, 현재 여러 에너지의 쓰임을 알아보는 기나긴 여행을 다녀왔습니다.

에너지 문제와 지구 환경을 생각하면 어린이 여러분이 살아갈 세상은 마냥 밝지만은 않습니다. 지금이라도 에너지를 잘 알고 절약해서 어린이들이 살아갈 세상이 조금이라도 밝아질 수 있기를 바랍니다.

소중한 에너지자원을 잘 이용하고, 지구의 환경을 오염으로부터 지키는 데 이 책이 조금이라도 도움이 되기를 바라면서 에너지 여행을 마치려 합니다.

2008년 가을
파아란 하늘 아래 살아가는 김바다

참고 사이트

- http://www.kores.or.kr
  대한광업진흥공사
- http://www.kocoal.or.kr
  대한석탄공사
- http://www.petroleum.or.kr/
  대한석유협회
- http://co2.kemco.or.kr/
  에너지관리공단 기후대책실
- http://www.coal.go.kr/
  문경 석탄박물관
- http://www.1stcoal.go.kr/
  보령 석탄박물관
- http://www.mocie.go.kr/
  지식경제부
- http://www.yongsu.net/swseo/
  서세욱 홈페이지
- http://www.knoc.co.kr/
  한국석유공사
- http://www.coal.or.kr/
  에너지자원합리화기획단
- http://www.cogeneration.co.kr/
  소형 열병합발전
- http://www.portalenergy.com/
  에너지기술정보서비스
- http://seis.scienceall.com/
  과학콘텐츠 진흥센터
- http://www.keei.re.kr/
  에너지경제연구원
- http://energyvision.org/
  에너지전환

- http://www.enet.or.kr/
  에너지 시민연대
- http://www.kepco.co.kr/museum /
  전기 박물관
- http://www.coalmuseum.or.kr/
  태백 석탄박물관
- http://www.kisti.re.kr
  한국기술정보연구원
- http://www.khnp.co.kr/
  한국수력원자력
- http://www.knef.or.kr/
  한국원자력문화재단
- http://www.knfp.net/
  국가핵융합연구소
- http://www.solarcooking.org/plans.htm#box-style
  Solar Cooking Archive
- http://www.kogas.or.kr/
  한국가스공사
- http://www.unison.co.kr/
  유니슨
- http://cafe.naver.com/renewableenegy.cafe
  앞서가는 사람들
- http://cafe.naver.com/esengmo
  에생모
- http://cafe.naver.com/poletopole2
  눈사람 클럽

참고 자료

다시 태양의 시대로 (이필렬 지음, 양문 2004)
대안 없는 대안 원자력 발전 (신부용 지음, 생각의 나무 2005)
대체에너지 (윤천석 지음, 인터비전 2004)
두 하늘을 덮어쓰고 산 사람들 (문경석탄박물관도록, 문경시 2004)
미래의 에너지 (에머리 로빈스 · 페터 헤니케 지음, 생각의 나무 2001)
북극곰, 투가 (셜리 우즈 지음, 이한음 옮김, 푸른숲 2005)
생태적 경제기적 (프란츠 알트 지음, 박진희 옮김, 양문 2004)
석유의 이해 (대한석유협회 1989)
세계를 변화시킨 12명의 과학자 (스티브 파커 지음, 이충호 옮김, 두산동아 2000)
수소 혁명 (제레미 리프킨 지음, 이진수 옮김, 민음사 2003)
에너지개론 (김학준 지음, 경남대학교출판부 2004)
에너지 대안을 찾아서 (이필렬 지음, 창작과비평사 1999)
에너지 주권 (헤르만 셰어 지음, 고즈윈 2006)
오펜하이머가 들려주는 원자폭탄 이야기 (송은영 지음, 자음과 모음 2005)
우리생활과 에너지 (에너지관리공단)
원자 폭탄 만들기 (리처드 로즈 지음, 문신행 옮김, 사이언스북스 2003)
월드 빌리지 2003 2호 (오일 스트라이크 지음, 조선일보사 2003)
자원의 지배 (마이클 클레어 지음, 김태유 · 허은녕 옮김, 세종연구원 2002)
청소년을 위한 서양과학사 (손영운 지음, 두리미디어 2004)
태양도시 (정혜진 지음, 그물코 2004)